ro
ro
ro

Markus Gasser wurde 1967 in Bregenz geboren. Er studierte Germanistik, Anglistik und Amerikanistik in Innsbruck und habilitierte sich 2007. Gasser schreibt als Literaturkritiker unter anderem für «Die Weltwoche» und die «Frankfurter Allgemeine Zeitung». Er lebt in Zürich.

«Das humorvoll und pointenreich geschriebene Werk Gassers zielt nicht nur auf den engen Kreis eingeweihter Literaturwissenschaftler, sondern richtet sich explizit an ein breiteres Publikum.» (Rheinischer Merkur)

«So lässt sich abschließend sagen, dass einem die Gasser-Lektüre am Ende ebensoviel Spaß gemacht hat, wie diesem offensichtlich die Kehlmann-Lektüre – und ein größeres Kompliment dürfte es für den Autor wohl kaum geben.» (literaturkritik.de)

«Ein Buch von stilistischem Schliff, mit Scharfblick und persönlicher Anteilnahme.» (Peter von Matt)

Markus Gasser

DAS KÖNIGREICH IM MEER
Daniel
Kehlmanns
Geheimnis

Rowohlt Taschenbuch Verlag

Veröffentlicht im Rowohlt Taschenbuch Verlag,
Reinbek bei Hamburg, August 2013
Copyright © 2010 by Wallstein Verlag, Göttingen
Umschlaggestaltung any.way, Cordula Schmidt
(Umschlagabbildung: Beowulf Sheehan)
Satz Quadraat PostScript, PageOne,
bei Dörlemann Satz, Lemförde
Druck und Bindung Druckerei C. H. Beck, Nördlingen
Printed in Germany
ISBN 978 3 499 25852 7

«... *Ultima Thule*, diese Insel, geboren in der
trostlosen grauen See meines Herzwehs um dich ...»
Vladimir Nabokov, *Ultima Thule*

«Wie ein Wahnsinniger sich für Gott hält,
so halten wir uns für sterblich.»
Pierre Delalande, *Abhandlung über die Schatten*

«I'm dead, then. Good.»
Tom Stoppard, *The Invention of Love**

To the Others

INHALT

I EIN LÄCHELN
VOM JENSEITIGEN UFER

Unter der Sonne

Was für Toren waren wir doch

Stellen wir uns vor, die Welt bestünde nur deshalb weiter, weil die Toten sich an uns erinnern. Wir haben dort Platz genommen, wo sie sich einst niederließen, und nun beobachten sie uns von ihrer Welt aus, stumm, aufmerksam, geduldig und hoheitlich, so wie wir bei jeder Lektüre eines Buches die imaginären Wesen der Literatur. Wenn wir im Bewußtsein eines solchen Geisterpublikums leben würden – wäre unsere Welt, diese hier, kostbarer für uns? Und was dächten diese Totenkomitees von uns, wenn sie in ihren Sitzungen ununterbrochen über unsere Geschicke wachten? Wäre die irdische Welt kostbar für sie? Oder unsinniger noch, als sie ihnen vielleicht bereits zu Lebzeiten erschienen war?

Als seine Frau nach schleppendem Elend an Kehlkopftuberkulose gestorben ist, findet sich der Maler Gospodin in Vladimir Nabokovs Erzählung *Ultima Thule* nicht ab mit ihrem Tod. *Wo ist sie jetzt?* Sein ganzes Denken stürzt in jenes Loch, das ihr Verschwinden in sein Dasein gerissen hat, und vor Verzweiflung und fressendem Schmerz träumt er sie und sich in ein Inselreich hinüber «inmitten der Nebelschwaden des Meeres» – inspiriert vom Versroman *Ultima Thule* eines isländischen Autors, den Gospodin illustrieren soll. Lächelt sie ihm von einer «wunderbaren Bucht» her zu, wie der Versroman ihm anrät? Oder ist sie nirgendwo mehr, dieses «liebe Geschöpf», im Nichts einfach geworden zu nichts? Gospodins Qual: als ob «einfach» so einfach und zwischen Nichts und Werden kein Widerspruch wäre.

Für Gospodin bildet die Welt ein kugelrundes Verlies, für ihn ist Leben, sich dessen Ende zu nähern, und der eigene Körper geliehener Staub. Er fürchtet und ekelt sich vor dem etwaigen «schwarzen Nichts» jenseits des Grabes, jener Bewußtlosigkeit, die uns erwarten und uns nicht einmal mehr denken lassen könnte: «Jetzt bin ich nichts, und es ist schwarz.» Oder ist die Welt statt fadenscheinigen Unsinns ein jenseitsgewirktes Gewebe von Sinn? Mit nichts lebt es sich schlecht – ist da drüben also doch irgendwas? So tastet sich Gospodin von der Nichtigkeit des eigenen Seins zu einer Jenseitshoffnung hin und zurück. Er sucht Trost bei Adam Falter, dem sich, als «ein unirdischer Blitz» ihn traf, «das Wesen der Dinge» offenbart haben soll. Ein Psychiater ist vor Erstaunen über Falters Volleinsicht bereits einem Herzstillstand erlegen, und um Gospodin nicht zu gefährden, hält Falter sich im Streitgespräch mit ihm zurück: Wie soll man das Jenseits in irdischen Begriffen auch zu fassen kriegen? Und doch will sich Falter im arabesken Faltenwerk seiner Sophismen später dann mit zwei, drei Worten verraten und Gospodin eine Botschaft von seiner geliebten Toten überbracht haben, Hinweise auf das, was sie im Leben am meisten mochte und von dem Falter nichts wissen kann – «Verse, Wildblumen und ausländische Währung». Mit dem Inselbild der isländischen Verse lag Gospodin also schon einmal richtig; das irdische Leben, so erschließt sich auch dem Leser bei mehrmaliger Lektüre, ist ein bloßes Vorwort zum eigentlichen Text, das Jenseits ein Königreich verwilderter Gärten im Meer, und wer seine wunderbare Bucht erreichte, hält die Schlüssel zu allen Toren und Schatzkammern dieser Welt in seiner Hand.[1]

Es ist gleichgültig, ob man diese Enthüllung glauben oder als hochherzige Unwahrscheinlichkeit verwerfen will: Sie birgt die ganze Essenz von Literatur – zumindest jener Literatur, die, doch bloß eine Erfindung, jenseits aller Wahrscheinlichkeit steht und so auch keiner Realitätsbeweise bedarf. Das «schwarze Nichts», die «vollendete Dunkelheit traumlosen Schlafs», mag für manche, wie den grimmen Richard Dawkins, der Wahrheit am nächsten kommen – doch verrät und gewährt sein Gegenteil, Gospodins Inselreich, mehr Phantasie, Reichtum und Vitalität: Im Sterbebett zählen dann ohnehin nur mehr Morphium und Imagination. Dasein ist für sich schon todesseitig genug, und Literatur lebt davon, zu bezweifeln, daß es nichts darüber hinaus geben können sollte. Sie bringt die Kollaborateure des Nichts in Erklärungsnot. Und genau hier beginnt Daniel Kehlmanns Reich.[2]

Wie Nabokov ist Daniel Kehlmann ein nüchterner Euphoriker jener anderen Seite, der im Geisternebel von Gospodins Insel am meisten und am weitesten sieht: Schon in seinen ersten Erzählungen, ein Jahr nach dem Romandebüt *Beerholms Vorstellung* von 1997 in dem Band *Unter der Sonne* versammelt, war «Nebel» die Chiffre für das Gefängnis der Welt, jedoch auch für die Ahnung, es gebe da einen Weg heraus. Management Director Lessing verirrt sich in der Schlußerzählung verärgert und erschöpft in einen Sturm aus Schnee, der sich zu «einem leuchtend weißen, wehenden Nebel» verdichtet, bis er fühlt, wie «die Wirklichkeit sich in eine andere [...] schob. Und dann nahm etwas Weiches und Weißes ihn auf und umhüllte ihn, und er wußte, daß er jetzt sicher war. [...] Und auf einmal verstand er. Er mußte nicht weiter. Es war vorbei.» Das ist der Horizont, den Kehlmann von Buch zu Buch erneut erreichen will: Von dort aus betrachtet, gestaltet sich die Welt für ihn kostbarer und unsinniger zugleich, und aus diesem Zugleich gewinnt Kehlmann die Perspektive und Dimension seines

Werks. Wie Gospodin bedrängt ihn die Frage, was außerhalb des Kerkers der Welt und der eigenen Sterblichkeit liegt. Der mögliche Verlust des eigenen Bewußtseins ist sein abscheulichster Alptraum, den er nicht hinzunehmen vermag; auf der Weigerung, sich diesem Bewußtseinsverlust zu beugen, sind alle Zivilisationen gegründet, und eine Grundlage des modernen Europas bildet Hamlets Satz, wonach es mehr Dinge zwischen Himmel und Erde gibt, als unsere Schulweisheit sich träumen läßt.

Kehlmann ist fasziniert von der Bodenlosigkeit formallogischer Systeme, wie sie Kurt Gödel umtrieb, von Gödels Geisterfurcht und der Schönheit alter Gottesbeweise, den Phantasmen von Theologie und Philosophie, die Kehlmann als intellektuellen Luxus statt als Ballast begreift, von Nabokovs Metaphysik und von Gespenstergeschichten, von den Koma-Visionen und Traum-in-Traum-Sequenzen Anthony Sopranos und den milchigen Phantomen des Horrorfilms. Schon Arthur Beerholm kam sich reichlich erfunden vor und mithin nicht ganz von dieser Welt; David Mahler in *Mahlers Zeit* von 1999 mußte an der Einrichtung seines Verstandes zweifeln oder an der des Universums; Julian im *Fernsten Ort* 2001 ist, kaum daß er sich vorm Ertrinken bewahren konnte, erst recht in das Geschling seiner eigenen Vorstellungswelten hineingeraten; für Manuel Kaminski in *Ich und Kaminski* 2003 ist die Welt ein universeller Betrug wie dann wieder für Carl Friedrich Gauß 2005 in der *Vermessung der Welt*; Miguel Auristos Blancos in *Ruhm* 2009 erlebt jeden Sonnenuntergang über Rio de Janeiro als ein Experiment, das jederzeit mißlingen kann, und hält sich angesichts dieser Kosmosgebrechlichkeit eine Pistole an den Kopf: Wüßte man doch nur, wer da experimentiert und wozu; und in *F* von 2013 ist die Realität samt und sonders nichts als ein infernalischer Alptraum, bizarr, endlos, komisch und grandios.

So sind alle Geschöpfe Kehlmanns schon von Geburt an halbe Schatten – Grenzgänger zwischen der diesseitigen Welt und dem Jenseits. Sie durchherrscht der Verdacht, unter dem Joch feindseliger Gestirne zu stehen und von Grund auf getäuscht zu werden, dürrem Unsinn ausgesetzt zu sein und das Entsetzlichste erst noch vor sich zu haben. Dieser Verdacht macht gerade vor Kehlmanns Schreiben selbst niemals halt. Daß zuletzt auch seine Literatur – konfrontiert mit der alltäglich widrigen Wirklichkeit, der körperlichen Erniedrigung des Alterns, dem Sterbenmüssen und dem Tod eines jeden – keine Bedeutung hat, ist Kehlmanns Gewißheit. Aus dieser Gewißheit heraus will er alle Erdenschwere überwinden – bis die sogenannte Realität, wie von Gospodins Inselreich aus besehen, nur mehr ein Wortspiel ist und, nach Gauß in der *Vermessung*, ein bloßer Traum, den man hinieden so ernst nimmt, wie man sich in der «stärkeren Wirklichkeit» auf der anderen Seite dann über den eigenen Ernst von einst prächtig amüsiert: «Was für Toren waren wir doch!» Daher auch Kehlmanns *lightness of touch*: seine unverwechselbare Grazie und Leichtigkeit.[3]

Der persische Teppich

Noch keiner habe sein Werk wirklich verstanden: so entschuldigt sich der Schriftsteller Hugh Vereker in der Erzählung *The Figure in the Carpet* von Henry James nach dem Dinner bei einem Kritiker, dessen Rezension seines neuen Romans Vereker «das übliche Geschwätz» genannt hat. Es gebe in seinen zwanzig Bänden ein bislang unentdecktes verborgenes Etwas, dem mit «billigem Feuilletonistenjargon» freilich nicht beizukommen sei: «Also geben Sie's auf.» Schlicht und ungeheuerlich sei es und doch so belustigend offensichtlich, daß er sich geniere, es beim Namen zu nennen – gleich dem Muster in einem persischen Teppich. Die Literaturexperten, ansonsten doch solche «Dämonen des Feinsinns», sähen nur nicht genau hin.[4]

Wie Verekers Werk gilt auch dasjenige Kehlmanns vor allem als «clever» – als klug und gewandt, charmant und fast unverschämt unterhaltsam, humorvoll, temporeich und pointiert ... bis zu dem Verdikt, man könne kaum «ganz große Literatur» nennen, was dermaßen angenehm zu lesen sei. Aber ist es das wirklich? Bei keinem anderen Autor der deutschen Gegenwartsliteratur wird so viel, so quälend ungern und oft drastisch gestorben: Jedes Werk hat den Moment, da den Lesern in die Knochen fährt, *wie wirklich* der Tod ist, und da sie nicht mehr nur wissen, sondern auch *glauben*, daß sie sterben müssen. Wer sich mit einer ersten Lektüre von *Ruhm* oder *F* nicht begnügt, wird die Erfahrung machen, ein Horrorstück gelesen zu haben, das so grundbeglückend wie grundverstörend ist: eine spezifische Kehlmann-Kombination. Bei keinem sonst suchen derart dämonenstark Alpträume und Visionen die Figuren heim; Kehlmanns Spiegel sind nicht die abgegriffene Metapher für Identitäts- und andere Probleme, sondern wieder so entsetzlich und im Kern existentiell, wie sie es für Edgar Allan Poe und Jorge Luis Borges einmal gewesen sind. Die «realistische» Politur seiner Romane ist von Rissen zerfurcht, und sie werfen unentwegt Fragen auf: Ist, wie es gegen Ende von *Beerholms Vorstellung* heißt, nichts an dieser «Vorstellung» wahr, oder täuscht Beerholm Unwahrheit nur vor? Wie kann Julian im *Fernsten Ort* seinen Vater im Krankenhaus besuchen, da dieser doch schon längst gestorben ist? Wenn Kaminski blind ist, wie kann er dann das Gemälde mit dem Sonnenaufgang in Therese Lessings Flur gesehen haben? Was hört Gauß, wenn gegen Schluß seines Lebens aus dem Nichts «ein tiefes Brummen» die Luft erfüllt? Warum tauchen periodisch ungerufen zwielichtige Taxifahrer auf und setzen einen dann auch noch an den falschen Straßenecken ab? Weshalb muß der Schriftsteller Leo Richter in *Ruhm* die Geschichte seiner «klügsten» Figur Rosalie umschreiben, wer ändert aus welchen Gründen die Regeln seines Spiels? Und gibt es die labyrinthischen Kellerfluchten in F tatsächlich, worin sich Eric Friedland verläuft, und verfügt Erics Vater über die Gabe des Zweiten Gesichts? Was geht hier vor?

Als wär's eine Finte, hat die so unbeschwert anmutende Erscheinung dieses Autors noch fast jeden in die Irre geführt. Denn es *ist* auch eine: Kehlmann hat stets eine zweite, eigentliche Geschichte in die halbdurchsichtige Handlungsoberfläche hineinverwoben, die sich in sachten Ungereimtheiten, Falltüren ins Irreale bemerkbar macht, in Wundern und Monstrositäten, die das Licht verändern, in dem man sie eben noch wahrgenommen und für «leicht» befunden hat. Schließt man das jeweilige Buch, wirkt gerade *sie*, und nicht die Leichtigkeit, in uns untergründig fort. Wer dem «Phänomen Kehlmann» nachrätselt und es sich mit außerkünstlerischen Ursachen erklärt, übersieht die komplexe Figur in Kehlmanns persischem Teppich, das bald gütige, bald fratzenhafte Gesicht darin – und bei all dieser Heiterkeit die Furcht, Not, Panik und Verlorenheit, mit der dieser Teppich gewoben ist. Erst Kehlmanns *lightness of touch* und das Dunkle, Unheimliche, Bedrohliche und dann auch wieder Tröstliche machen *zusammengenommen* die Bezauberung aus, die so viele Leser erfüllt und belebt. Ohne die Leichtigkeit wäre, was darunter lauert und flüstert, nicht zu ertragen. Das Darunterliegende aber ist Kehlmanns großes Geheimnis: Wie ist uns allen zu leben und durchzukommen überhaupt möglich? Was ist Wirklichkeit, und wer steckt dahinter? Wie fühlt es sich an, wenn man stirbt, und was ist danach? Wie kann Kehlmann lesbar und gewichtig in einem sein, und warum macht das manche Kritiker gerade im deutschen Sprachraum so seltsam nervös?[5]

Gleich Adam Falters drei, vier Worten für Gospodin in *Ultima Thule* bildet Daniel Kehlmanns Geheimnis eine Geschichte für sich. Folgt man ihr chronologisch von Buch zu Buch durch das bisherige Gesamtwerk hindurch, von *Beerholms Vorstellung* bis zu *F*, ergibt sich der Plot eines Thrillers, als wäre er vom Autor selbst im Anfang schon so vorbedacht gewesen. Natürlich war er das nicht. Doch Kehlmann selbst betonte, daß der Autor sein Werk keineswegs am besten kennt, und so hat, wie – der allerdings paranoide – Charles Kinbote in Kehlmanns Lieblingsbuch *Fahles Feuer* von Nabokov aus dem Jahr 1962 bemerkt, der Kommentator eines Werks, dieser Henry-Jamessche Dämon des Feinsinns, zum Glück immer das letzte Wort.[6]

Nabokovs Meer

Im Falle Henri Bonvards aus *Unter der Sonne* gilt das allerdings nicht. Als der mittlerweile achtzigjährige Schriftsteller einer unheilbaren Krankheit zuvorkommend sich eine Kugel in den Kopf geschossen hat, reist noch so ein kleiner Dämon des Feinsinns, Dozent Dr. Kramer, zwischen die Weinberge und Palmen in Bonvards südfranzösisches Dorfdomizil Oury-sur-Mer, um wenigstens ein Foto von dessen Grab für das Titelblatt seiner Habilitationsschrift zu erhaschen, die das letzte große Wort sein soll zu Bonvards Werk. Mit dem Foto vorne drauf würde er auch seinem «größten Erlebnis», ganz auf du und du, sein letztes Geleit geben; denn persönlich begegnet ist Kramer dem *maestro* zu seinem Leidwesen nie. Ganze vier Wochen hat er gebraucht, um den ersten Brief, dann drei, um den zweiten an diesen König seines Ultima Thule zu schreiben. Wie der Hauptmann von Karfarnaum sich «nur ein Wort» von Christus erbittet (nur ein Wort, und seine Seele würde wieder gesund), so Kramer einst von Bonvard: «Ein Wort von Bonvard wäre genug gewesen, um die Nebel aufzulösen» – auf eine Antwort von der «anderen, hellen Seite» des Lebens wartet Kramer indes vergebens, und als Bonvards offizieller Biograph kommt ihm sein zackig arroganter Kollege Hans Bahring zuvor. Seit Kramer fünfzehnjährig Bonvard zum ersten Mal las, trieb ihn die Sehnsucht um, aus dem Nebel seiner Existenz in Bonvards Werk und Welt zu verschwinden, in ihre «silbrige Stille» und traumleichte Wirklichkeit; und nun, um 1989, hat er es doch endlich geschafft – Kramer fährt tief hinein ins Jenseits von Bonvards Sonne und Meer. Bonvard wird ihn nicht mehr von sich fernhalten können.[7]

Mit der Ankunft Kramers im fiktiven Oury-sur-Mer in *Unter der Sonne* beginnt Daniel Kehlmanns Geschichte, die uns auf die Spur seines Geheimnisses setzt. Fast jeder Autor hat ein anfängliches Schlüsselstück, in dem er auch zu sich selber spricht und laut darüber nachdenkt, was sein Schriftstellerdasein ausmachen, worauf es hinauslaufen, woran es scheitern könnte: eine Erzählung, wenige Seiten oft nur, die uns die Bleikammern zu seinem Inneren einen Spalt breit öffnet. Immer wenn Henry James sich fürchtete – vorm eigenen Versagen etwa (also meistens) –, schrieb er eine Geschichte darüber – und James schrieb insgesamt mehr als einhundert. Glaubte er, er tauge zu nichts, dann starb ein Maler in Florenz über seinem Madonnen-Meisterwerk, das nur eine blanke Leinwand war, und dessen Konkurrent hatte bloß Affen und Katzen in obszönen Posen zu bieten: Besser nichts geschrieben und tot, sagte sich James, als so was. Fühlte sich James zu Tode erschöpft, kam *The Middle Years* und die zentrale Arbeitsmaxime für alle Menschen aller Zeiten dabei heraus: «Wir arbeiten im Dunkeln – wir tun, was wir können – wir geben, was wir haben. Unser Zweifel ist unsere Leidenschaft und unsere Leidenschaft unsere Aufgabe.» Drohte eine Sinnkrise, überraschte er sich mit *The Figure in the Carpet* – stets war es *the very best of* Henry James. Und *Unter der Sonne*, Anfang der neunziger Jahre noch vor *Beerholms Vorstellung* verfaßt, ist die bislang beste Erzählung von Daniel Kehlmann. Sie fixiert erstmals sein Grundmotiv, die Flucht aus dem Gefängnis der Welt, «*there must be some way out of here*» in den Worten Bob Dylans. Sie zeigt, welchen Autor – einen Ozean von einem Schriftsteller – Kehlmann gelesen und dabei wie ein Orakel befragt, welche Zeitgeistwiderstände er mit dessen Hilfe überwunden hat und daß er sogar schon ahnt, wie er sich auch aus diesem Ozean einmal wird freischwimmen müssen. So wie Bonvards Romantrilogie «Unter der Sonne» Kramer durchs Leben schleppt, gibt Nabokovs Welt Kehlmanns Imaginationsbedürfnis eine Dramaturgie und läßt ihn erahnen, wie es denn wäre, Kehlmann zu sein. Kehlmanns Erzählung besitzt Verallgemeinerungswert: Die erste Realität eines Schriftstellers und seine letzte ist immer Literatur. Sie ist entscheidender als jede Begegnung mit den Menschen jenseits von ihr. Er existiert nur in dem, was er schafft, und ist folglich uninteressant in dem, was er ist.[8]

Darum auch nehmen es Biographien von Schriftstellern an Spannung für gewöhnlich mit jedem Telefonbuch auf: Wenn Schriftsteller nicht nebenbei für den Geheimdienst unterwegs sind wie einst Graham Greene, statt ihre Intrigentätigkeit auf ihren Schreibtisch zu beschränken, geht ihrem Leben oft jede dramatische Qualität ab wie dem Alltag eines Postbeamten. Zumeist muß ein Biograph dem Biographierten vermittels Freudscher Sexualmythologie eine Urkatastrophe hinzurätseln oder – wie es Borges und Proust zugefügt worden ist – frühe onanistische Exzesse anmahnen, damit der Leser die ersten zwanzig Jahre und Seiten übersteht. Bei einem Schriftsteller ist alles nur Bleistift und Papier. Seine Existenz setzt nicht ein mit seiner Geburt – in Kehlmanns Fall wäre das 1975 in München gewesen, ein wichtiges Jahr zumindest für die Zeugen Jehovas (sie erwarteten das Ende der Welt), für Andreas Baader (der Stammheim-Prozeß begann) und John Lennon (sein Sohn Sean wurde geboren und entband ihn von den zu exzessiv gewordenen Freuden des Alkohols). Ein Schriftsteller kommt über einen Umweg zur Welt: mit dem ersten Buch, das er in die Hand nimmt und von dem er nicht lassen kann. Er hat mehr Vorfahren in der Literatur als in seiner Familie. Ein Schriftsteller ist jemand, der schreibt, weil er gelesen hat, der bald nur mehr liest, um zu schreiben, und der eines Tages tatsächlich ein Schriftsteller ist, weil er überm Lesen mit dem Schreiben nicht aufgehört hat. Was er liest und wann, in welcher Weise und wogegen: danach ordnet sich seine eigentliche, seine geistige Biographie. Der Rest? Ist unendliche Mühe, wie man den Notizbüchern von Henry James exemplarisch entnehmen kann, erschöpft sich in Problemen der Komposition, die in einem herumkreiseln wie ein Roulette vor besonders verbissenen Spielern in Monte Carlo: Man redet sich gut zu, «Fang endlich an! Sprich nicht immer nur darüber und drum herum!» Man beschwört «die großen Toten» herab wie Schutzgeister, drängt vorwärts, «Schlag zu! Schlag hart zu!», will aufhören, hofft auf die ruhigen, großzügigen, geduldigen Vormittage und beginnt von vorn, «Laß dich doch bitte nur einmal gehen!», hindert sich am Trinken und versagt, um am nächsten Morgen dennoch weiterzuarbeiten an etwas, das noch immer nicht wirklich begonnen, das noch immer den falschen Farbton oder Dreh hat oder noch gar keinen. Nur daß er nicht aufgibt, rechtfertigt des Schriftstellers Existenz. Im Grunde geht es so jedem: Ein Schriftsteller ist eben nicht irgendwer, sondern einer von uns.[9]

Mit dem Erwachsenwerden sterben leider die Kinderkrankheiten aus, Mumps und Scharlach, die uns fieberbeflügelt ewige Tage zur Lektüre schenken und die Eltern dazu zwingen, uns vorzulesen: Den Umzug von München nach Wien machte

1981 auch die große Bibliothek der Eltern mit, und der Vater trägt Kehlmann, teils aus dem Gedächtnis, deutsche Lyrik vor, Joseph von Eichendorff und Matthias Claudius, und der Sohn hört väterlich die Erde rauschen «wie in Träumen / Wunderbar mit allen Bäumen», hört, wie Eichendorffs Hexe einen Reiter, «den Mann» schlechthin und eine ziemliche Kanaille also, aus ihrem «weiten Wald» nicht mehr heimkommen läßt, wie Gott über die Berggipfel geht und das Land segnet in seiner Stille, und hört vom «weißen Nebel» aus dem *Abendlied*, diesem Gebet um «einen sanften Tod» – in den Zeilen Kehlmanns kann man später neben dem Nebelmotiv von Claudius auch Eichendorffs überirdisch schlichten Ton, mit geisterhaft Großem und Phantastischem verwoben, nachhallen hören. Dem Zehnjährigen sind «Bücher wichtiger und wirklicher [...] als alles andere», die von Karl May zunächst noch, von Michael Ende und Jules Verne. Für ihn ist Lesen, als werde man unermeßlich reich dadurch, und niemand wüßte davon; es hätte einen kaum verwundert, zu erfahren, Kehlmann wäre – auch später – allmorgendlich mit einem Buch sogar unter die Dusche gegangen.[10]

Seit Thomas Mann macht es sich im Lebenslauf eines Autors gut, wenn er ein schlechter Schüler war. Kehlmann war es nicht, auch wenn er nur ungern zur Schule ging und später befand, «daß Kinder zuviel Zeit in der Schule verbringen». Doch das von Jesuiten geleitete Privatgymnasium Kalksburg am südlichen Rand von Wien war nicht das Kindergefängnis Friedrich Dürrenmatts, «angeblich eingerichtet, um den Kindern jene Bildung beizubringen, die sie nach Einbildung der Erwachsenen haben sollten, um durch das Leben zu kommen». Die Gefängnisse liegen in den achtziger Jahren woanders, und zum Mißfallen der privilegierten kulturellen Eliten wollen die Staatsinsassen da nicht nur durch, sondern raus. Christa Wolf und Günter Grass, zumindest dem Namen nach die zwei Klassenbesten des deutschen Literaturbetriebs dies- und jenseits der Berliner Mauer jener Jahre, hoffen um 1989 an Stelle der Wiedervereinigung auf einen «sozialistischen Sonderweg» für die DDR – Christa Wolf stellt sich vor, es sei Sozialismus, und «keiner geht weg», und für Günter Grass gibt die Nazi- eine Erbschuld her, die sich mit einem neuen «Großdeutschland» nicht vertrüge. «Wir müssen», so Kehlmann in seinen Göttinger Poetikvorlesungen 2006, «dankbar sein für jeden Autor, dem Macht versagt bleibt.»[II]

Dieser Satz könnte auch von Nabokov stammen, den Kehlmann, während er noch an «schlechten Gedichten» schreibt, um 1989 wie Kramer seinen Bonvard mit derselben Verve zu lesen beginnt, mit der seine Altersgenossen *Nintendo* und Fußball spielen: «Die Welt verwandelte sich», erinnert sich Kramer, «Wiesen, Bäume und Himmel, aber auch Autos, Straßen und die klotzigen Betonbauten an ihrem Rand überzogen sich mit Farben. Die Menschen, auch die langweiligsten und blassesten, zeigten sich auf einmal als undurchschaubare Wesen. Und durch abgenutzte Wortfügungen schimmerten plötzlich Musik und Licht». So wie Nabokov selber als Kind im Sommersitz seiner Familie in das gerahmte Aquarell über seinem Bett, so wie Gospodin in den Versroman *Ultima Thule*, so wie Kramer in Bonvards Sonne und Meer, so will Kehlmann in Nabokovs Universum hineinsteigen, um, in Nabokovs Worten, «mit anderen Seinszuständen in Berührung zu sein, bei denen Kunst (Neugier, Zärtlichkeit, Güte, Harmonie, Leidenschaft) die Norm ist». Nabokov lehrt ihn, den Schauer zu suchen, der «einem die Nackenhärchen aufstellt und zwischen den Schulterblättern die Wirbelsäule hinunterläuft»; die Geschichte der Literatur, lehrt ihn Nabokov, ist die Evolution des Vermögens, sehen zu machen, was *so* sonst noch niemand gesehen hat, und bald hat sich Nabokov für Kehlmann zu einem Emblem für das Gefühl ausgewachsen, in der Literatur sei einfach – wieder; noch immer – alles möglich und demnach erlaubt. Auch das wird Kehlmann von den übrigen Autoren seiner Generation unterscheiden: Früher als andere liest er die als «schwierig» geltenden Autoren «mit Erschütterung und Liebe». Kehlmanns Bereitschaft, zu erstaunen und zu bewundern, hat ihn zu einer Ausnahmeerscheinung in der neueren deutschen Literatur gemacht, die eine ansonsten oft nah am Verstummen stotternde Tradition der Traditionslosigkeit pflegt und von dem trügerischen Gedanken nicht lassen kann, viel gelesen zu haben ersticke den Schöpfungstrieb eines angehenden Schriftstellers im Keim. Für Kehlmann ist die Tradition das beste Instrument zur Erneuerung, und Weltliteratur wird hinter Kehlmann gleich einem freundlichen Schatten von nun an immer gegenwärtig sein: neben Nabokov auch Borges, Leo Perutz, Thomas Mann, Marcel Proust, Iris Murdoch, Gabriel García Márquez, Tom Stoppard und Philip Roth.[12]

Namen, die man nach Kehlmanns Erinnerung und zu seinem Ärger an der Universität Wien, wo er – wie sein Vater zuvor – Philosophie und Germanistik studiert, kaum zu hören bekommt. Noch immer gilt dort die «Wiener Gruppe» als *die* Avantgarde, die Kehlmann später als humorlose Fortsetzung des Dadaismus der Vorkriegszeit erscheinen will. In Deutschland ist mit Grass, Christa Wolf und Heinrich Böll sozial engagierter Realismus *en vogue*, in Österreich ein Gemisch aus Lautpoesie, Abenteuer- und Spannungsabstinenz und – natürlich – «Gesellschaftskritik». Fröhlich bis verbissen begeht man Delikte gegen ein selbst erfundenes österreichisches Selbstverständnis, um eine Art intellektuellen Dissidententums zu simulieren, wie es sonst nur Diktaturen anzubieten vermögen. Vor einem solchen Hintergrund mußte Nabokov wie ein Erdbeben wirken: Kehlmann kommt *Fahles Feuer* experimenteller, aufregender, gemütvoller, unterhaltsamer, komischer vor und ein Wechselverhältnis zwischen Politik und Kunst alles andere als zwingend. Daß sich von Nabokovs *Fahlem Feuer* seit seiner Erstübersetzung ins Deutsche 1968 bis heute nicht einmal achttausend Stück verkauften und er vollends einflußlos blieb, wird Kehlmann später als Erklärung dafür dienen, warum deutschsprachige Gegenwartsliteratur sich bisweilen so bleiern ernst und langweilig ausnimmt wie das akademische Reden über sie.[13]

So steckt auch Kramers Universität «voll von Leuten, würdevollen älteren und bissig dreinschauenden jungen, die [...] in ernstem knorrigem Ton allerlei Dinge von der *Literatur* forderten, ein Wort, das in ihrem Mund eine Färbung von Langweiligkeit, etwas Sandkuchen- und Knäckebrothaftes annahm». Von Herzen mißfällt Kehlmann der kalt unintuitive, stattlich-massiv abstrakte und stets «politisch» fordernde universitäre Umgang mit Literatur, der sie in «Diskursbezüge» zwingt wie Labormäuse in ein Untersuchungskorsett. Spätestens seit dem französischen Literaturtheoretiker Michel Foucault leidet die akademische Welt an einem Gott-ist-tot-Syndrom, das andere Toterklärungen nach sich gezogen hat wie den Tod des Autors, des Romans und «das Ende des Erzählens». Diese für Kramer so «stickige Atmosphäre» aus Krisensucht und fruchtlosen Diskussionen darüber, ob nicht ohnehin alles Sagbare schon gesagt und der «Erwartungshorizont» des Lesers stets zu enttäuschen sei, läßt ihn wieder und wieder zu Bonvards Welt «voll Reichtum und Schönheit» flüchten, die seine lebenslängliche Haft in einer bedeutungslosen Welt erträglicher stimmt. «Man konnte vieles werden und tun, nichts davon war wünschenswert.» So rechnet sich auch der Student Kehlmann in *Unter der Sonne* seine künftigen Möglichkeiten vor.

Er ist inzwischen von seinen Gedichtversuchen zu Erzählungen übergegangen und verfolgt mit *Unter der Sonne* zu seinen eigenen Gunsten eine finstere Strategie: Erstmals erscheint darin das Bedrohliche hinter der beschwingt unbeschwerten Kraft – jene Kombination aus *lightness* und existentieller Schwere, die Kehlmann in seinen *dark tales*, in *Mahlers Zeit* und im *Fernsten Ort*, dann zur vollen Entfaltung bringt. Im Duell zwischen dem Großschriftsteller und seinem größten Fan gibt er hochbewußt sein Votum ab für den Weg des Schriftstellers und gegen jeden anderen, der ihm «wie eine unvorstellbare Zeitverschwendung» vorkommen will. Bonvard ist in vielem der Gestalt Nabokovs nachgebildet mit ihren Matrosenanzügen, Gouvernanten, Hauslehrern, Kurorten und dem «eisigen Spott», den Bonvard für die «parasitären» Journalisten und Literaturexperten übrig hat; und die Kunst, die Welt und sich selbst von oben zu sehen wie aus den Augen eines Kranichs, statt lediglich als Leser die gelungene Flucht anderer zu bestaunen, wird zu Kehlmanns erklärtem Ziel. Hineinversetzt hat Kehlmann sich zwar in beide, in Kramer wie in Bonvard, doch der Weg Kramers, so sorgsam und anrührend er ihn auch imaginiert, ist schon ad acta gelegt: In Bonvards «Gebilden voller Rätsel, Spiegelungen und seltsamer mathematischer Beziehungen» nimmt Kehlmann die Essenz Nabokovs auf und bereits sein eigenes Werk vorweg. Die Leichtigkeit, in der er sich dabei übt, ist makaber und unheimlich, gerade weil er sie durchhält bis zum bitteren Ende und dabei so tut, als sei es keins: Kramer findet Bonvards Grabstein nicht und fährt mit leerer Kamera und Tränen in den Augen an jenem Ort vorbei, wo der *maestro* beerdigt liegt. Und fast ist es so, als stünde Kramer vor seinem eigenen offenen Grab, um seine Gebete an Bonvard, die kalte Asche seiner Liaison mit einer Universitätskollegin und seinen Traum von einem Weg hinaus darin zu versenken. «Es war vorbei. Bonvard hatte gewonnen. Wieder einmal. Er dachte daran, wie das Leben verging, an seine zwei Bücher, die keinen interessierten, und an die Zeit, die er in Seminarräumen verbrachte. Und andere [...] schufen Meisterwerke und wurden von der Welt geliebt. Jetzt wußte er es: Er würde nie auf der hellen Seite stehen.» In Bonvards Jenseits hinüber führt kein Weg. «Und der Ozean strahlte», lauten die letzten Worte der Erzählung: Vom jenseitigen Ufer ihrer Literatur her lächeln Bonvard und Nabokov Kramer entgegen, beglückt über sich selbst und zugleich kalt über Kramers Elend hinweg. Und auch Kehlmann lächelt ein wenig mit.

Noch haben Bonvard und Nabokov das letzte große Wort. Bald aber droht Nabokovs Ozean auch Kehlmanns Landgewinnungen zu überfluten – wie seine gleichaltrige britische Kollegin und Nabokov-Enthusiastin Zadie Smith, die zur Entstehungszeit von *Unter der Sonne* in Cambridge ihre ersten Kurzgeschichten zu publizieren beginnt, bekümmert Kehlmann das jetzt jedoch nicht. Denn unter Nabokovs Sonne hat er 1996 bereits das Manuskript von *Beerholms Vorstellung* zu schreiben begonnen, das er vier Monate später abschließen wird. Sollte dieser erste Roman auch nicht immer des Meisters Zustimmung finden: es ruhe denn doch sein Segen darauf.[14]

II DIE VERBORGENEN GÄRTEN
Beerholms Vorstellung

Wie man sich für keinen Beruf entscheidet

«Und warum ausgerechnet Schriftsteller?» Manchen dürfte diese Szene geläufig sein: Man hat sich, kurz vor oder nach der sogenannten Reifeprüfung, halb und halb zu einem Werdegang entschlossen, der ans Phantastische grenzt – Schriftsteller oder Theologe, Magier, Professor für Theoretische Physik oder Formallogiker und Experte für mathematische Paradoxien –, und konfrontiert nun am Mittagstisch versuchsweise die Eltern damit. In wilder Stille lassen sie ihre Gabeln sinken. Das böse Wort ist gefallen, so als hätte man zu bedenken gegeben, auch das mittelalterliche Handwerk des Hexenmeisters könnte heute durchaus wieder eine Zukunft haben. «Wie kann ein vernünftiger Mensch nur auf so eine Idee kommen? Das ist doch kein anständiger Beruf. Warum nicht Jurist oder Arzt? Da hast du was Reelles, hast was in der Hand.»

Eine ähnliche Szene erlebt Arthur Beerholm in *Beerholms Vorstellung*, als er seine Berufswahl einem brummigen Professor Fassbinder gegenüber begründen muß, und auch für Kehlmann ist der Beruf des Schriftstellers so wenig reell wie der des Magiers oder Theologen. Er ist, in der Sprache der Mathematik, «n.d.», nicht definiert. Selbst wenn sich die Handfestigkeit des eigenen Treibens an einem hohen Kontostand bewiese, käme es einem immer noch so vor, als wäre man wie in der Erzählung *Bankraub* durch den Fehler einer Bankangestellten über Nacht Millionär. Kehlmanns Eltern – der Vater Michael als Theater- und Filmregisseur, die Mutter Dagmar als Schauspielerin und Aquarellistin – waren vom benachbarten Fach, und so hatte Kehlmann zwar nie mit dem Problem zu kämpfen, sie davon überzeugen zu müssen, Schriftsteller sei ein «richtiger Beruf». Dennoch hat ihn das Gefühl nie verlassen, daß sich die gesellschaftliche Anerkennung, die ihm ein Auskommen ermöglicht, «einer mehr oder minder gelungenen Hochstapelei verdankt, die jeden Moment auffliegen könnte».

Dieses Gefühl besitzt eine eigene Tradition: Seitdem ihn Platon als Erzlügner und bloßen Gaukler aus seinem idealen Staat verbannt wissen wollte, hängt dem Schriftsteller etwas leichtsinnig Berauschtes, Ehr- und Rechtloses, verlottert Verführerhaftes und Verbotenes an. Was ist auch von einem Menschen zu halten, der tagaus, tagein vor der Welt verborgen an seinem Bleistift lutscht und sich Geschichten ausdenkt, die nie passiert sind? Erstaunlich, was dem alles einfällt, sagt man; aber wahr ist es nicht.

Seinem Gewerbe geht mancher Schriftsteller daher mit schlechtem Gewissen nach. Er beschwichtigt es, indem er «der Gesellschaft einen Spiegel vorhält», ihr seine Relevanz also durch Realitätsnähe, Realismus, beweist und das möglichst «kritisch», oder Literatur wie ein Exerzitium für andachtsbereite Eingeweihte betreibt, die während der Lektüre dann so leiden, wie der Schriftsteller zuvor sein Schreibexerzitium durchlitten hat. Selbst leichtsinnig abenteuerdurstige Autoren wie Robert Louis Stevenson fühlten sich mit ihrem Lotterimage nicht wohl und schoben fast jedem Roman rasch noch einen Aufsatz nach, um zu beweisen, wie ernst es ihnen damit doch war und daß sie «nicht einfach nur Geschichtenerzähler» waren – Henry James etwa schrieb zu jedem seiner Werke ge-

gen Schluß seines Lebens ein Vorwort, worin er «sein Inner-
stes» zu offenbaren und damit sein Œuvre auch vor sich selbst
zu legitimieren trachtete. Seinem Freund Stevenson aber soll
es eines regnerischen Herbstnachmittags in einem Moment
absinthgetränkter Klarsicht zu bunt geworden sein: Als es in
einer Diskussion unter Kollegen einmal mehr um die Aufgabe
des Schriftstellers in der Gesellschaft ging, fuhr er ihnen mit
einem «*Hang it all!*» – «Zum Henker damit!» – dazwischen und
zog grußlos davon. Kaum zu Hause angekommen, zeichnete
er auf dem Fußboden mit farbiger Kreide eine imaginäre Insel
voller Berge, Wälder und Buchten, stach am Schreibtisch vis-
à-vis auf Papier in See und steuerte als Jim Hawkins seine
Schatzinsel an.[15]

Über die ungezählten Traktate zu Aufgabe und Wesen der
Literatur spricht schon am Tag nach ihrer Veröffentlichung
kaum einer mehr; Long John Silver aber kennt jedes Kind, und
mag es noch so erwachsen sein. Auch daraus erwächst Literatur von mythischem Ausmaß: indem man sich wie Stevenson über das flache Panorama aller Vorschriften wie ein Luftgeist erhebt. Gleich zu Beginn der *Schatzinsel* versichert uns Jim
Hawkins, er werde in seinem Bericht nichts auslassen außer
der Lage der Insel, «weil dort noch immer ungehobene Schätze
verborgen sind» – ein Satz genügt, und wir Leser sähen uns am
liebsten schon dort, um zu graben und zu graben ... *Das* ist
Zauber; und Zauber, bemerkte Stevenson, ist jene Tugend,
ohne die alle anderen nutzlos sind. So wirft Daniel Kehlmann
mit Arthur Beerholms fiktiven Magiermemoiren im Sinne des
Stevensonschen «*Hang it all!*» gleich zu Anfang seines Werde-
gangs Realismusvorschrift und Gauklervorwurf zu Scherben,
kehrt das schlechte Gewissen gegen jene, die es ihm einzure-
den versucht haben, und zelebriert seinen Triumph, vor dem
guten alten Lebensernst in jenen Unberuf davonzulaufen, der
nichts anderes ist, nichts anderes sein kann und auch nichts

anderes sein will als Illusionismus ohne Rechtfertigungsbedarf, angewandte Phantastik, Hochstapelei, bis zur Hexerei getriebene Irreführung und Unverläßlichkeit.

Zwei Maximen stehen *Beerholms Vorstellung* voran, die erste von Giovanni di Vincentio, einem Theoretiker der Trickkunst, den es nie gegeben hat. Wie alles in *Beerholms Vorstellung* ist also schon die erste Maxime eine Täuschung. Sie besagt, daß der Täuscher, gleichgültig, ob man ihm trauen will oder nicht, immer gewinnen wird. Die erfundene Maxime, das erfundene Traktat di Vincentios, *Über die Kunst der Täuschung*, dem es entnommen sein soll, und der Roman selber fügen sich zu einer dreifachen Volte, die uns einstimmt darauf, wie hoffnungslos wir uns von Anbeginn in der professionellen Unwirklichkeit des Romans verirren sollen. «Frivol und trügerisch» – so lautete Nabokovs Definition seines eigenes Werks; und wie von allem, was aus Nabokovs Bucht herkommt, nicht anders zu erwarten, geht Kehlmann mit den trügerischen Erinnerungen Beerholms gleich aufs Ganze und stellt darin den literaturalten Pakt zwischen Erzähler und Leser auf die Probe, den Coleridge «*the willing suspension of disbelief*», die «willige Preisgabe des Unglaubens», nannte: Ein Leser nimmt ein Buch in die Hand und weiß, daß darin alles erfunden ist; solange er es geöffnet hält, nimmt er es hin, als wär's die Realität, um, kaum hat er das Buch geschlossen, kein Wort davon zu glauben. Was wäre nun aber, wenn ein Erzähler schlicht «wahnsinnig» und sich über seine Realität keinen Augenblick im klaren wäre, der Leser aber dennoch alles so hinnähme, als wäre der Erzähler immer ganz bei sich?[16]

Die ungeheure Leichtigkeit des Todes

Mit der Nennung seines Namens kann man selbst den fernseh-
gestählten Nachwuchs in Schrecken versetzen: Arthur Beerholm ist zu einer angstumwitterten Märchengestalt avanciert,
geistert durch die Gutenachtgeschichten der Mütter und sucht
dann die Träume ihrer Kinder heim. Sein Ruhm hat einen
Schatten über den seines größten Lehrmeisters, des Zauber-
kunstgenies Jan van Rode, geworfen. Da er himmelweit mehr
hermacht als die üblichen zylindertragenden Zauberclowns im
Glitzerfrack und sich weigert, zu dem, was er tut, entschuldi-
gend zu grinsen, halten ihn die einen für einen Boten Gottes,
die anderen für einen gefährlichen Scharlatan. Seine Geburts-
stadt hat ihn soeben, mit noch nicht dreißig Jahren, zum Eh-
renbürger ernannt. In diesem Moment aber, auf den sich sein
ganzes Leben hinbewegt hat und da seine Gestalt den vibrie-
renden Äther zwischen den Satellitenantennen füllt, weiß er
nur, daß er hier, auf der Kaffeehausterrasse eines Fernsehturms, nahe der Brüstung dem einladenden Abgrund zu, schrei-
bend Rechenschaft ablegen muß vor seiner Geliebten Nimue,
die entschwunden zu sein scheint wie die Nymphe Merlins an
die blauen Gestade ihres mythischen Sees.

Verlassen haben ihn auch seine leiblichen Eltern. Zur Adop-
tion freigegeben wie Moses im Binsenkorb und aufgenommen
von Ella und Manfred Beerholm, ist ihm aus seiner Kindheit
nur eine einzige Wunde geblieben: Seine Adoptivmutter Ella
wurde beim Wäscheabhängen im Garten von einem Blitz erschlagen. Was sollte das, wer tut so etwas, der Zufall, Gott?
Adoptivvater Manfred Beerholm erzählt dem kleinen Arthur
vorm Einschlafen von Peter Pan und von Merlin; Arthur dilet-
tiert, wie Nabokov und Kehlmann in ihrer Jugend, in Zauberei.
An der Schweizer *Ecole Internationale des Vescaux* erfaßt ihn im
Schwindelgefühl über das «n.d.» der Mathematik, das Nicht-

definierte einer von Definitionen besessenen Wissenschaft, sein «Streben zu Gott». Nach vollendetem Studium der Theologie und dem Empfang der niederen Weihen verliert er im Kloster Eisenbrunn bei Mönchen, die einem mörderisch strengen Schweigegelübde unterworfen sind, fast den Verstand; kleinmütig entsagt er der Theologie und verdingt sich als Nachtlokalzauberer und Trickbetrüger im Pokerspiel. Durch seine Lehre bei Jan van Rode gelingt es ihm endlich, den «grauen Nebel» der Welt um ihn her in den «diffusen weißlichen Lichtnebel» und das «überirdisch helle Gleißen der Scheinwerfer» auf der Bühne zu verwandeln: Beerholm, dem berühmtesten und größten Magier seiner Zeit, der mit nur einer Handbewegung verlegene dickliche Herren als mosaische Feuersäulen zum Verschwinden bringen kann. Eines Abends trinkt er zuviel, hat jedoch seine Kunst derart verfeinert, daß er auch alkoholisiert noch Gedanken liest; bei einem Nachtspaziergang genügt ein nach innen gesprochenes Wort, und Schaufenster bersten, und ein Busch geht flüsternd in Flammen auf. «Und da hörte ich einen Schrei.»

Es ist Beerholm selbst, der schreit – in Gedenken an Ella, die ähnlich verbrannte. Die erworbene Macht, ihm damit zuviel geworden, weist er gleich einer satanischen Versuchung nun von sich, und «etwas Großes, Schnelles und Böses» rast auf ihn zu: Ein Auto erfaßt ihn frontal. Im Krankenhaus erwacht, hat er sein Gedächtnis eingebüßt und, wie seine nächste Vorstellung beweist, auch seine Zauberkraft: Die Show mißglückt wie die erste vor den Schülern in *Les Vescaux*, nach der ihn auch erstmals der Gedanke an Selbstmord überfiel. Zurück in Eisenbrunn, entschließt er sich nach der Devise *Blamieren oder sterben* zu einem «hellen Tod». Kaum daß er die letzte Zeile seiner Memoiren geschrieben hat, wird ihm sein Sprung von der Aussichtsterrasse des Fernsehturms Aufschluß darüber geben, ob er, vom Wind getragen, aufsteigen und schweben wird und damit auch der Zauberer ist, der er immer sein wollte.[17]

Beerholm wandelt eindeutig am Rande der Geisteskrankheit dahin – wird er doch Selbstmord begehen in der Hoffnung, es werde gar keiner sein. Doch wer sich wie Beerholm als Erfindung eines anderen empfindet, die Welt als Ort der Wunder und große Illusion, für den muß es auch einen Zauberer hinter alledem geben, und Beerholm will durch den Schleier, den der Kosmosillusionist Gott gleich einem Vorhang vor die jenseitige Welt gezogen hat, hindurchgelangen auf die andere Seite: wohin es nach neutestamentlicher Überlieferung lebend und schwebend außer Christus und dessen Mutter noch keiner geschafft hat. Bevor er aufsteht, sieht sich Beerholm in eine «goldene Biene» hinein, die auf seinem Tisch gelandet ist – und sie erhebt sich, fliegt davon –, die Biene verwandelt sich in ein Flugzeug, das Flugzeug «blitzt auf, zieht dahin, scheint stehenzubleiben. Da hängt es, und bald wird es verschwunden sein: Funkelnd, umstrahlt vom Mittag und wie erstarrt in der hellen Luft». So endet die Vorstellung Beerholms. Getreu der Maxime, daß das Ich eines Buches nicht in demselben sterben kann, «das Ende dieser Erzählung nicht Teil dieser Erzählung ist», bleibt dem Leser das eigentliche Finale des Romans verborgen: Wird Beerholm gleich dem Flugzeug funkelnd dahinziehen «in der hellen Luft», wird sich die Tiefe für ihn zur Höhe weiten und sich der Vorhang des Himmels öffnen? Wird der Tod einem bewußtlosen Schlaf gleichen oder sich als eine «ungeheure Leichtigkeit» erweisen wie das Erwachen aus einem Schlaf?

Kurt Gödel glaubte, die Existenz Gottes mathematisch beweisen zu können – Beerholm will lebenslang hinter Gottes Hokuspokuskulissen blicken und ahnt, daß in der Mathematik entweder der Wahnsinn nistet oder eine Offenbarung wartet: Sie berührt das Jenseits in der «düsteren, ziffernerfüll-

ten Unendlichkeit» der Zahl Pi und in geometrischen Kur-
ven, die auf beiden Seiten des Koordinatenkreuzes in die Höhe
streben und über die Blattkante hinaus – bloß wohin? Ins
Nichts, das uns, «eine dämmrige Insel», wie ein Meer aus Wü-
ste umschließt? Oder wie «der Auferstandene» in ein Jenseits
aus Licht? So wird Beerholm, zunächst nur in Gedanken, zu
einem Harry Houdini der Metaphysik: Falls Gott den Menschen, sein höchstes Wesen, nicht ganz begreift, dann noch
weniger den Illusionisten, den «verwirrendsten der Menschen», deren «höchste Stufe» und «Zielpunkt der Schöpfung»
er demgemäß ist. Der größte Illusionist aber unter den Illusionisten wäre, wem es gelänge, nicht mehr zu wissen, daß er
Tricks gebraucht, während er sie gebraucht. Der größte Illusionist spricht mit der vollendeten Beiläufigkeit Gottes bei der
Erschaffung der Welt seine Befehle, ohne ihrer gewahr zu sein,
und verschafft sich in diesem Zustand «sanften und wohlkal-
kulierten Wahnsinns» Einlaß in den «verbotenen Garten» der
Magie, in dem ihm die Materie gehorcht und er nicht einmal
mehr dem Gesetz der Schwerkraft unterworfen ist. Als Klein-
version des Kosmosillusionisten Gott glaubt Beerholm, in den
Harlekinaden des eigenen Bühnenlichts am Rande einer überirdischen Ordnung zu balancieren.[18]

Nur wer sich also selbst hinters Licht führt, der gelangt zum
Licht. In diesem Sinne deutet Beerholm auch die Legende von
Merlin und Nimue um. Nach Sir Thomas Malory verfällt Merlin der Nymphe Nimue, verrät ihr alle Geheimnisse seiner
Kunst und wird von ihr auf immer in eine magische Grotte gebannt. In Beerholms Version aber hat Merlin sich Nimue geschaffen, die zu lieben er dann nicht imstande war. Er tat bis
zur Selbsttäuschung nur so, als verriete er, von ihr verführt,
seine Geheimnisse, und ließ sich zuletzt willentlich hinter
den «steinernen Vorhang» einer Höhle sperren. Nicht Nimue
also hat Merlin getäuscht, sondern umgekehrt Merlin sich und

seine Nimue, die schließlich bemerken muß, daß sie nur Merlins Erfindung war. So könnte auch Beerholms Nimue von Beerholm erfunden sein: Ob sie tatsächlich existiert, weiß er bis zuletzt selbst nicht so recht. «Ich habe die Grenze zwischen dem Traum- und dem Alptraumreich meiner Phantasie und der Wirklichkeit, der sogenannten, immer bemerkenswert durchlässig gefunden.» Wie denn auch anders, da er doch in den verbotenen Garten gelangt ist, wo jene Grenze nicht gilt?

So kann sich *Beerholms Vorstellung* auch nur für einen sehr kursorischen Blick so einfach ausnehmen, wie es sich damit manche Literaturkritiker machten, die den Roman 1997 mit einer an Verachtung grenzenden Gleichgültigkeit besprachen; denn es hat noch keinen ernsthaften Leser des Romans gegeben, der während der Lektüre nicht am eigenen Verstand gezweifelt hätte wie Beerholm selbst, der zwischen Erfindung und Wahrheit, Zauberei und Wahnsinn beim besten Willen nicht zu unterscheiden weiß. «Vielleicht stimmt das auch alles nicht; vielleicht sind es nur falsche Spiegelungen, die ich mir und dir vorzaubere. Es kann sein, daß ich dich schon die ganze Zeit belüge. Und mich selbst.» So ist nichts an diesen Memoiren, was es zu sein vorgibt: Als wollte der Roman seinen Lesern ein zweites Paar Augen schenken, hält jeder Absatz mehr zu entdecken bereit, als er auf den ersten Blick zu erkennen gibt. Pompös groteske Ungereimtheiten, wie sie uns aus Träumen geläufig sind, dringen in Beerholms Erinnerungen ein: Der Boden unter ihm fühlt sich plötzlich lebendig an, eine Hauswand, gegen die er sich stützt, weicht zurück, Passanten lösen sich wie Geister auf in Luft, sein Kompagnon beim Trickbetrug sieht dem backenbärtigen Gartenzwerg aus der Kindheit zum Verwechseln ähnlich, und Beerholm vermag, obwohl er kein Kleingeld bei sich hat, von einer – zudem defekten – Telefonzelle aus ein Taxi zu rufen. So wie sich Traumereignisse in seine Wirklichkeit einschleichen, so mag umgekehrt das Ganze aber auch die grandiose Traumvorstellung des Schülers Beerholm sein, der sich knapp vor der gefürchteten Reifeprüfung in *Les Vescaux* probehalber fürs Studium der Theologie entscheidet und im Halbschlaf dann ein Kloster und das Arbeitszimmer des blinden Professors Fassbinder herbeisinniert, mit dem traumgleich etwas nicht stimmt: Er ist, da man seine Blindheit nicht bemerkt, stolz auf diesen Erfolg seiner «Verstellungskunst» und tippt auf seiner Schreibmaschine Buchstaben um Buchstaben fehlerlos; als Beerholm Fassbinders Arbeitszimmer verläßt, ist der Kreuzgang des Klosters ersetzt durch Flure mit Neonröhren wie in einem Krankenhaus, das Portal durch eine gläserne Drehtür und Beerholm umringt «von unzähligen blassen Spiegelbildern» seiner selbst. Und da der Schüler Beerholm aus seinem Traum bis zuletzt nicht erwacht, müßte alles, was sich danach zuträgt, das Studium der Theologie, das der Magie bei Jan van Rode und sein unsinnig rasanter Aufstieg zu «Magic Beerholm», bloßes Traumgebilde eines «schlafenden Verrückten» sein.[19]

Und auch noch in diese Traumbiographie des Schülers fügt Beerholm symmetrisch exakt strukturierte Deutungsmöglichkeiten ein, wie sie gleichfalls für Bonvards und Nabokovs Gebilde voller Spiegelungen und mathematischer Beziehungen typisch sind: Nach seinem Autounfall leidet er an Amnesie und plündert sich aus den wenigen «fiebrigen Bildern», die sein Gedächtnis bewahrt hat, eine Biographie zusammen. «Also ist es, höre ich dich fragen, nicht wahr, was du erzählt hast? Nein, was ich erzählt habe, ist nicht wahr. [...] Du hast es wirklich geglaubt? Das ehrt mich.» Sind seine Memoiren also nichts als die Nachtphantasie eines Amnesiepatienten? Wieder in Eisenbrunn, hat er das Gefühl, das Kloster gar nie verlassen zu haben: «Alles, was seit meinem letzten Besuch geschehen war, konnte ein langer Traum gewesen sein. Ich war nie woanders gewesen, immer hier.» Es sind gezielt flüchtige Deutungsangebote, die, aufs Ganze angewandt, nicht aufgehen und sich auch gar nicht durchsetzen wollen, sondern lediglich weitere Träume sind im großen Traum einer langen Nacht: Immer wenn der Schüler Beerholm in ihr kurz erwacht, besinnt er sich und erkennt, sich doch nur alles träumend eingebildet, erlogen, erfunden zu haben, und dann versinkt er wieder in den Kissen des Schlafs und phantasiert sich weiter einen künftigen Werdegang zurecht. Daher auch offenbart ihm *maestro* Jan van Rode bei einer Autofahrt, als es Beerholm so seltsam wird wie einem, der, noch träumend, die mulmige Grenze zwischen Schlaf und Erwachen passiert, alles hier, Auto, Straße, Planet Erde, das Universum, sei nur ein Traum: «Und zwar Ihrer. Wir alle gehören dazu, jeder von uns ist Ihre Erfindung. Wenn Sie aufwachen, sind wir weg, nichts mehr, gelöscht, es hat uns nie gegeben. [...] Nicht aufwachen, bitte nicht! Mir zuliebe. Ich möchte noch bleiben!» Und Beerholm, der Schüler, gehorcht seiner Traumfigur und schläft weiter.

Doch wenn *Beerholms Vorstellung* nur die Traumvorstellung eines Vorabiturienten ist, wer sitzt dann auf der Aussichtsterrasse und bringt seine Erinnerungen zu Papier? Beerholm, der Schüler? Wohl kaum. Wer sagt denn, daß dieser Beerholm je ein Magier war und selbstmordgeneigt auf einem Fernsehturm saß? Nicht von ungefähr hat der Name Arthur Beerholm vierzehn Buchstaben wie Daniel Kehlmann, der, statt an der geplanten Dissertation über Schiller und Kant zu arbeiten, sich lieber in der Kunst der Selbstbezauberung übte, indem er selbst an alles glaubte, was er sich über Beerholm erfand, und so – wie Beerholm und Beerholms Merlin – das höchste Ziel des Schriftstellers als eines realismusabholden Totalillusionisten erreichte: Ein wahrer Magier des Erzählens ist nur, wem es gelingt, während er die anderen täuscht, sich selbst zu täuschen. Wer dieser Beerholm wirklich sei, was Lüge an *Beerholms Vorstellung* und was wahr und ob Beerholm tatsächlich in den

Abgrund springen, stürzen oder fliegen würde, kann der Autor ebensowenig entscheiden wie der Leser – nur daß sich Kehlmann für den Tod Beerholms jene «ungeheure Leichtigkeit» wünschte, die Nabokov im Tod sah: einen literarischen Kunstgriff Gottes. Adam von Librikov ist neben Jan van Rode und Grazio Diabelli einer der Lehrmeister Beerholms; und stellt man die Buchstaben um, wird aus Adam von Librikov «Vladimir Nabokov», der sich für die Anfangsgründe der Selbstbezauberung und -täuschung die folgende Legende ersann: Der Schriftsteller als Magier kommt von jenem kleinen Jungen her, der durchs hohe Gras zur Höhle im Neandertal zurückgerannt kam, dabei immerzu «Ein Wolf! Ein Wolf!» schrie, obwohl da weit und breit kein Wolf war, aber selbst zitterte vor Angst, und der im Erwachsenenalter der Jahrhunderte nach Gutenberg weder Arzt wurde noch Jurist, sondern zum Schriftsteller und Trickster, Mann der Rollen, der Selbstvervielfältigung und Selbstverwandlung.[20]

Diesen Trickster frage man darum auch nicht «Warum schreiben Sie?» oder «Was wollen Sie damit sagen?». Er könnte darauf nur erwidern, was Kehlmann fast ein Jahrzehnt nach *Beerholms Vorstellung* an den Anfang seiner Poetikvorlesungen setzte: «Ich habe keine Ahnung.» Kein noch so ausgedehntes Dinner mit Henry James würde uns enthüllen, ob die Geister in *The Turn of the Screw* wirkliche Geister oder lediglich Projektionen der Gouvernante sind: Sonor könnte James uns nur davon berichten, daß sich die Herausgeber einer Zeitschrift für ihre Weihnachtsnummer eine Gespenstergeschichte von ihm wünschten, er bei sich dachte, «Ihr wollt euch fürchten? Das könnt ihr haben!», und daß er, als «diese kleine Verantwortungslosigkeit» vollendet war, sich vorm Zubettgehen ängstigte. Das Rätsel, ob der Gouvernante Geister real oder bloße Einbildung sind, hat James überhaupt nur schaffen können, weil er des Rätsels Lösung nicht kannte und weil er ein Bewohner jener Gärten war, wo die Gedankenphantome aus Theologie, Philosophie und Literatur bewahrt sind, dieses Wrackgut der Jahrhunderte europäischer Zivilisation, deren Verwalter die Autoren vom Kehlmannschen Habitus sind. Für sie hat, was wir anderen als Illusion und Betrug durchschaut zu haben meinen, sich ihre Schönheit erhalten. Als Orte bloßer Hirngespinste und veralteten Ideengerümpels halten wir anderen uns diese Gärten verborgen: In den immerzu wechselnden Rationalitätsmoden befangen, stehen wir vor ihren Toren, enorm aufgeklärt und zugleich ratlos, füllen die Bücherseiten der Feuilletons und beschäftigen Dämonen des Feinsinns an den Literaturinstituten, in deren Begriffen jene Gärten doch nicht mit inbegriffen sind – alles nur verstohlen staunende Blicke zwischen den Gitterstäben der Gartentore hindurch. Unsere von Platon vermachte Furcht davor, verführt und überwältigt zu werden von Phantasie und Phantastik, hat uns die Gartentore verschlossen.

Eine ehemalige Studentin Gödels berichtet, daß die Ehrfurcht, die ihre Kommilitonen für den Professor an der Universität Princeton empfanden, von Hohn durchsetzt war: Gödels «Irrglauben», die Existenz Gottes beweisen zu wollen, machte ihn auf den Partys der Berufsatheisten der Idiotie verdächtig. Einer naturalistischen Erkenntnishaltung muß alles, was ein geisterhaft erhobenes Dasein führt, als Symptom einer gemeingefährlichen Unmündigkeit bis hin zur Geisteskrankheit gelten; für diese Haltung aber zahlen wir, wie Charles Darwin beklagte, den Preis ästhetischer Empfindungs- und Gemütlosigkeit. Man muß nicht so weit gehen wie Kehlmanns Professor Fassbinder, der meinte, die meisten Menschen wären ohne die Theologie «nur Affen, die sich für was Besseres halten», die Theologie nämlich gäbe ihnen etwas von Würde zurück – die Literatur als Magie tut's auch, so sie dem Leser das Gefühl verschafft, er müßte seine Arme nur in einer noch nicht erprobten

Art und Weise bewegen, um fliegen zu können. Gerade weil *Beerholms Vorstellung* nichts anderes sein will als hochfliegender Schwindel, macht Kehlmanns Roman den Leser so leicht. An einen Gott muß dafür schon keiner mehr glauben: es genügt, sich bei der Lektüre nur zu wünschen, Beerholm möge niemals erwachen.[21]

Während ich schlafe, starrt es mich an

Beerholms Vorstellung ist Kehlmanns theologisch hintertriebenstes Buch – es müßte auch mit dem Teufel zugegangen sein, wenn die acht Jahre Religionsunterricht im Jesuitenkollegium Kalksburg spurlos an ihm vorübergegangen wären. Über die Charakterzüge und Kapricen Gottes, des Kosmosillusionisten, war sich Kehlmann nie sicher; und so wähnte Beerholm schon als Kind, «das rein und unverstellt Böse» würde im Keller nur auf den Moment lauern, da «der Lichtschalter versagt», und sah «aus dem Augenwinkel kleine Spinnen davonkrabbeln, als wäre ein Stück des Teppichmusters plötzlich lebendig geworden». Dem Theologiestudenten gaben «Flüsterdämonen unter dem Kopfkissen» quälende Gedanken ein. Für den notorisch Schlaflosen schien noch «in den Blumentapeten eine geheime Drohung zu liegen», und lebenslänglich wurde er den Verdacht nicht los, «daß etwas, sobald ich meine Augen schloß, die seinen öffnete. Daß es mich anzustarren begann, sobald ich einschlief ...». Und was ist auch von einem Gott zu halten, der mit Blitzschlägen Zielschießen an Ella übt?

Elend stirbt ein geliebter Mensch, und er nimmt eine ganze Welt mit sich, als ginge diese hier unter; und doch, sie steht noch und starrt bis zur Bosheit gleichgültig auf den Untergang dieser eigenen kleinen Welt hinab. Irgendwann wird so jeder von dem Argwohn beschlichen, Gott könne es gar nicht so gut mit seinen Geschöpfen meinen, wie die konventionelle Theologenphantasie glauben machen will, und Beerholm wird diesen Argwohn 1999 weiterreichen an den Dozenten für Theoretische Physik David Mahler in *Mahlers Zeit*: Die dunklen Jahre in Kehlmanns Werkgeschichte haben begonnen, in denen er von der Ich-Perspektive zum auktorialen Gestus wechselt und das Universum unter den Schatten eines Wesens rückt, das seine eigenen Regeln exekutiert, kaum daß wir sie verstanden und sein Welttheater als faulen Zauber durchschaut haben könnten.

Dr. Mahler wird zu spüren bekommen, wie wohlgefällig Herzinfarkte dieser Macht sind, die Leid über die Menschen zu bringen scheint, um daran ihr Glück zu fühlen, kein Mensch zu sein und damit ohne Schmerz. Und jene Macht ist nicht der Teufel: sie ist weitaus schlimmer als er.[22]

III FREUND DES FIEBERS, ZERSTÖRER DES GEISTES

Mahlers Zeit

Die letzte Drehung der Schraube

Diese abstoßenden und erschütternden Gespenstergeschichten, die des Lesers Herz vor Grauen fast zum Flimmern bringen, schienen leider alle bereits erzählt worden zu sein, als der Erzbischof von Canterbury seinem Gast Henry James im Januar 1895 beim Dinner von einem Fall berichtete, «unglaublich, aber wahr», der in James – so seine Worte – «den lieben alten heiligen Schrecken» entfachte. James war bezaubert: Daraus müßte doch «ein schlichtes, reines Märchen» und «schamloser Potboiler» zu machen sein, ein «Spielzeug» für Erwachsene; und um Weihnachten zwei Jahre später nahm er in *The Turn of the Screw* den vom Bischof im allzu Obskuren belassenen Fall wieder auf. Die Schwierigkeit, immer noch eins draufsetzen zu müssen, kam denn prompt auch in der Erzählung selber vor: Nachdem sich eine Runde von Weihnachtsgästen um das Kaminfeuer in der Halle des alten Herrenhauses der Familie Griffin mit einer Gespenstergeschichte leidlich unterhalten hat, verspricht ihnen das Jamessche Alter ego namens Douglas *«another turn of the screw»* – er hätte eine Geschichte zu bieten, die den Spannungsdruck derart erhöhen würde, daß er dem Druck einer festgezogenen Schraube zu vergleichen sei. «Sie übertrifft alles», versichert Douglas, «nichts, aber auch gar nichts, reicht an sie heran», und dabei sieht er die Runde an, als sähe er nicht sie, sondern das, wovon er spricht – seine Geschichte um jenes Geisterpaar, das die Gouvernante in *The Turn of the Screw* zu sehen und vor dem sie ihre Schützlinge Flora und Miles auf dem abgeschiedenen Landsitz Bly zu bewahren meint.

Um die Gespenster nicht weiter im Obskuren dümpeln zu lassen und die Kinder der «denkbar höllischsten Gefahr» aussetzen zu können, legte James sein Geisterpaar Peter Quint und Miss Jessel als Dämonen an, als «Wachtposten vor einem Gefängnis», Verführungsreisende zwischen den Welten und «böse Emissäre von der anderen Seite her», wie sie ihm aus den Berichten von Hexenprozessen entgegenstarrten. Die Leser mußten von ihren eigenen Fragen, die das Horrorstück ihnen unterschob, genußvoll überwältigt und gepeinigt werden: Suchen Quint und Jessel Flora und Miles hinüberzulocken in ihr feuchtes Erlkönigreich, um mit ihnen dort jene «gar schönen Spiele» fortzuspielen, vor denen der Vater in Goethes Gedicht seinen Sohn im fliegenden Nebel der Nacht nicht zu schützen vermag? Sehen Flora und Miles die beiden und tun nur so, als sähen sie sie nicht? Ist Miles, als er zuletzt einem Herzstillstand erliegt, von Quints Bann erlöst oder lediglich von der halluzinierenden Hysterie der Gouvernante? Daß James diese Fragen unentschieden ließ, war gerade der Kniff, die Ernüchterten zu packen, die Übersättigten, Verwöhnten, Anspruchsvollen, die bis heute in abertausend Aufsätzen darüber grübeln, in *The Turn of the Screw* hineinverführt vom «Air des Bösen», das Quint und Jessel verströmen – mag es sie nun geben oder nicht.[23]

«Weshalb fürchte ich mich vor so vielem?» ist die erste Frage, die in Kehlmanns Geschöpfen nie zur Ruhe kommt; «oder halluziniere ich nur?» die daraus folgende zweite: Ihr Gefühl, in einer Narrenschöpfung ausgesetzt zu sein wie in einer kompliziert, aber bunt austapezierten Gummizelle und von einem

Guckloch aus beobachtet zu werden, ist vage und durchdringt sie zugleich. Noch die harmlosesten Dinge wirken auf sie wie Bienenstöcke der Feindseligkeit. Die Puppen im Kinderprogramm des Fernsehens, «böse und gefährlich», sprechen zu dir. Spielsachen – Stoffbär, Gummiente, Zinnsoldat – erwachen zu «insektenhaftem Leben» und flüstern über dich, kaum daß du ihnen den Rücken zukehrst oder dich ans Einschlafen machst. Zwischen ihnen herrscht Einverständnis, das auf Mißgunst gründet, und sie gilt dir. Es gibt Horrorfilme, in denen Puppen in den Dachböden von Waisenhäusern nur warten, bis ein Besucher ihre knarzenden Dielen betritt: Selbst verwaist, alleingelassen, rächen sie sich mit einem Rasiermesser in der Stoffklaue für ihre Einsamkeit. Derlei käme sowohl James als auch Kehlmann lächerlich vor; und bei Kehlmann regen sie sich nur, weil du sie, wann immer du mit ihnen spielst, nicht in Ruhe läßt und ihre Ordnung unnötig störst, und weil sie spüren, daß deine Intuition dir sagt, was du vergessen haben solltest: *daß sie lebendig sind.*

Arthur Beerholm, David Mahler, Julian später im *Fernsten Ort*, sie alle ahnen in Teppichen und Tapeten heimliche Muster wie Timofey in Nabokovs *Pnin*, der elfjährig in einer Fieberkrise deliriert: In Kompressen verpuppt und unter einem Haufen zusätzlicher Decken begraben, vertieft er sich in die Tapete seines Schlafzimmers und sucht ihr Strukturmuster zu enträtseln. Ein ums andere Mal verirrt er sich im abscheulichen Gewirr aus Eiche und Rhododendron. Ergibt das Gewebe einen Sinn? Die Gospodin-Frage. «Wenn der boshafte Zeichner – der Zerstörer des Geistes, der Freund des Fiebers – den Schlüssel zu dem Muster mit so monströser Sorgfalt versteckt hatte, dann war es nur logisch, daß dieser Schlüssel so kostbar war wie das Leben selbst und daß er, war er einmal gefunden, Timofey Pnin seine gewohnte Gesundheit, seine gewohnte Welt zurückgeben würde; und dieser luzide – leider zu luzide – Gedanke zwang ihn, in seinem Kampf fortzufahren.» Vergebens; Dozent Mahler jedoch, das erste Genie in Kehlmanns Welt und ein entfernter literarischer Verwandter Timofeys, will das Strukturmuster physikalisch erfaßt, den Schlüssel gefunden haben für einen Weg aus der Zelle hinaus. Das Gewebe ergibt, so schlecht es gewirkt ist, durchaus seinen Sinn – nur nicht zugunsten von uns Menschen. Nicht wir, sondern nur die anderen haben ihren Spaß daran: wer auch immer diese «anderen» sind.

Und genau das ist Mahlers Problem. Leicht paranoid, belauert und immer «in Gefahr» wie die Gouvernante von James fühlen sich bei Kehlmann fast alle; Mahler aber hat, mit diesem Schlüssel in Händen, einen Grund mehr. So als riefe die Physik das Erlkönigwesen aus dem Nebel ältester Metaphysik auf den Plan, kann Mahler nie wissen, wessen Schrauben gelockert sind, die der gewohnten Welt oder die seiner eigenen Gehirnapparatur. Ihm muß quälend verborgen bleiben, ob jene Gestalten, denen er von Kindesbeinen an begegnet, seine Lösung zu befördern helfen oder zu verhindern trachten, die die Lösung aller Welträtsel wäre und die auch die Vernichtung unseres größtes Gegners, des Todes, bedeuten würde. Er ahnt sich nur hilflos durch die gewohnte Welt hindurch, die sich wieder und wieder in die Unwirklichkeit zu verabschieden droht – bis er einfach stirbt. Auch gut, denkt er sich, während er im gleißenden Sonnenlicht zusammensackt, wenn seine Entdeckung ein Irrtum war. Aber warum wird er dann getötet? Und von wem? Sind seine vier Formeln, die den Bann des Todes brechen, also doch «so kostbar wie das Leben selbst»?

Mahlers Zeit ist, was Henry James in Poes Tradition als *tale* bezeichnet hat: entwickelt aus einer einzigen Idee, für einen Roman zu knapp, zu lang für eine Kurzgeschichte, und tückisch leicht zugänglich. Kehlmann hat *Mahlers Zeit* vom Ende her geschrieben, das schon den Anfang durchtränkt, wo sich in Mahler die Entdeckung zu regen, «ein System gläserner Schönheit» sich zu formen beginnt und sein Bett umkippt, gleich wie am Schluß die Erde kopfsteht und Mahler in das Blau des Himmels fällt. *Mahlers Zeit* macht den Leser doppelsichtig: Kehlmann nötigt ihn mit freundlichem Nachdruck, zunächst so manches und allmählich alles aus den Augenwinkeln zu beobachten wie Spinnen, die man noch für Sekundenbruchteile aus dem Rand des eigenen Blickfeldes verschwinden sieht. Die Deutungsflucht in psychiatrische Formeln steht uns erst gar nicht offen, da wir uns bald selbst von «Paranoia» und «Beziehungswahn» kaum mehr freisprechen können. Der Junge mit «schmalem Schatten», der schon dem kleinen Mahler ein «Mach das lieber nicht!» zuraunt und den erwachsenen dann als Hotelrezeptionist belächelt, als Mahler mißlingt, was er «lieber nicht» hätte machen sollen; Boris Valentinovs «schmale Gestalt»; die Fliege, klein, aber lästig, sogar seine Freundin Katja – sie alle sind vollends alltäglich und auch wieder nicht. Solche Figuren für harmlos zu halten ist in *Mahlers Zeit* ebenso gefährlich, wie es vielleicht auch das Gegenteil wäre – eine Paradoxie, die Beerholm ahnungsvoll auf die Wendung von «bösen Schutzengeln» brachte. Mit *Mahlers Zeit* zeigt sich erstmals die monströse Fratze in Kehlmanns persischem Teppich. Mahler ahnt, daß seine Entdeckung schon andere vor ihm machten, daß sie dafür aus dem Weg geräumt wurden, und hat bestürzend recht damit; denn für *Mahlers Zeit* griff Kehlmann auf das Wüsteste im mythologischen Bestiarium der Menschheit zurück, das wie die Geschichte von Douglas bei James «alles übertrifft», was die geballte Theologenphantasie über die Jahrhunderte ersonnen hat – es war jedoch auch allzu entsetzlich, um sich andererseits nicht davon anregen zu lassen. Obwohl es vorab bereits die letzte Drehung der Schraube war, das schwarze Herz aller Gedankenphantome, die jemals auf diesem Planeten rumorten, auch «ein System gläserner Schönheit», wie dasjenige Mahlers es ist, war es nicht zum Zeitvertreib vorm Kaminfeuer gedacht: Es war geboren aus tiefster Not.[24]

Jaldabaoth

Die Welt war wider alle Verheißung nicht untergegangen, Christus nicht wiedergekehrt, und seine Gemeinde wurde durch die Straßen Roms getrieben, eingekerkert, gefoltert, kopfunter gekreuzigt und lebendig verbrannt. Wo doch so viele die neue Lehre verwarfen: konnten Menschheit und Kosmos da noch die Schöpfung eines guten Gottes sein? Wie war das Böse überhaupt in dieses einstige Paradies hineingelangt, so es je eines gewesen war? War Gott gut, woher kamen dann Übel und Leid, wieso duldete er sie und nahm sie, allmächtig, wie er doch war, nicht einfach weg? Fragen dieser Art wird man sich stellen bis zum Ende der Welt, und sie quälten auch die ersten Gemeinden der Christen. Jede monotheistische Religion versucht, die notorische Unvollkommenheit der Erde mit der Vorstellung von einem allmächtigen und durch und durch guten Gott auszusöhnen, der ja allein auch der Verehrung würdig wäre; und nur zwei Theologen ist der Versuch geglückt. Beide waren gewohnheitsmäßig verzweifelt; beide wollten den furchtbaren Gedanken überwinden, Gott hätte die Welt gemacht, nur damit das Beste, was ihr je widerfahren war, darin folgenlos gekreuzigt würde. Der eine, Aurelianus Augustinus, sollte mit der katholischen Kirche nahezu identisch werden: Seine Lehren, zum Dogma gehärtet, begründeten sie. Der andere indes, gegen den Augustinus in seinen *Genesis*-Kommentaren und im *Gottesstaat* so geheim wie leidenschaftlich vorgegangen war, verschwand, wie es sich Augustinus erhofft hatte. Nichts ist von ihm geblieben als verächtlich zitierte Sentenzen in den Polemiken seiner Widersacher, eine Ahnung von einer Ruine nahe Damaskus, die laut Inschrift einmal eine «Synagoge der Markioniten» gewesen war, und der Jubelbrief eines Bischofs aus Syrien: Er habe in seiner Diözese ganze acht Dörfer von den Lehren dieses Markion geheilt, dem «Erstgeborenen Satans».

Dabei war Markion, um 85 in der Handelsstadt Sinope am Schwarzen Meer geboren, in der Gemeinde kaum aufgefallen, die sich der neuen Lehre vereidigt hatte, außer damit, der Sohn ihres Bischofs zu sein – bis er, auch darin noch ganz Sohn seines Vaters, die Schriften zu kommentieren begann, die man soeben zum Kanon der Bibel schmiedete, und zu anderen Schlüssen kam als sein Vater. Dem fiel er damit derart auf die Nerven, daß er ihn kurzerhand aus seiner Gemeinde verstieß. Markion machte sich auf in die Welthauptstadt; da er kein Sektierer sein wollte, forderte er im Jahre 144 von der Gemeinde Roms, seine Lösung des Problems zu diskutieren, wie die Existenz Gottes mit der des Bösen zu vereinbaren sei. Es war die erste Synode der Kirchengeschichte; Markion stellte den Gott des Neuen Testaments dem des Alten entgegen; die Bischöfe waren empört.

Und exkommunizierten ihn. Mit trunkener Verwegenheit hatte Markion nämlich eine Passage bei Jesaja wörtlich genommen, wonach Jahwe, der Gott des Alten Testaments, bekundet, *er* sei es, dem auch das Böse zu danken sei. *Dieser* Gott also, Jaldaboath – so sein wirklicher Name, wörtlich «Gott der Schatten» –, δημιουργός, *dēmiourgós*, Demiurg, ein boshafter Zeichner, hatte die Welt verbrochen ähnlich einem Kind, das eine rudimentäre Skizze auf sich beruhen läßt. Als eine Art Kosmosintrigant durchherrschte Jaldaboath die Welt finster launisch und traktierte die Menschen beflissen lieblos nach Gesetz und Vergeltung. Jaldaboath war es gewesen, der im vermeintlichen Paradies ein unerfüllbares Gebot erlassen hatte und der, als es – wie von ihm selber vorhergesehen – übertreten worden war, den Tod über die Menschheit brachte. Jaldaboath war es gewesen, der von Abraham ein Menschenopfer gefordert und Hiob «geprüft», Hiob gequält hatte: Auf Hiobs Beschwerde hin brüstete sich *dieser* Gott – worauf der Gott des Jesus Christus niemals verfallen wäre –, die riesigen Alptraumtiere des lichtlosen Meeres gemacht zu haben. «Sieh doch den Behemot, den ich schuf wie auch dich. Wer könnte mir standhalten?» Ganz recht: so wie der gebieterische Baumeister nahm sich denn auch sein Bauwerk aus. Es war das System einer Falle, wohinein der Mensch geworfen war, fehlerhaft gesponnenes Gewebe, die Fiebertapete Timofey Pnins, ein insektendurchschwärmtes Labyrinth ohne Mitte und ein Kerker aus Schmerz, Versuchung und Sterblichkeit, von Jaldabaoths Wächtern, den Archonten, dämonischen Emissären und Zwischenherrschern, wie von Gefängniswärtern umstellt. Darum taumelten wir Menschen laut Markion durchs Diesseits wie durch eine uns fremde Stadt, deren lärmende Sprache wir nicht sprechen und deren verstrickende Straßen uns sinnlos, wie von Wahnsinnigen erbaut zu sein scheinen, und was uns darin den eigenen Verstand nicht verlieren läßt, ist allein, so zu tun, als wären wir im Grunde schon längst wieder daheim: Sich dessen gewahr zu werden, zwar *in* dieser Welt, doch nicht *von* ihr zu sein, brach den Bann, mit dem die Archonten uns gefesselt hielten. «Wer die Welt erkannt hat», sagt Christus im koptischen Evangelium des Thomas, «hat einen Leichnam gefunden; und wer einen Leichnam gefunden hat, dessen ist die Welt nicht würdig». Selbst das Firmament war ein fluoreszierender Leichnam, tote, dunkle Materie – von Licht durchsetzt. Genau dieses Licht aber ist der Hoffnungsschimmer in Markions *worst-case scenario* metaphysischer Panik: Versprengte Funken davon sind auch in uns.

Jaldaboath wäre grausam genug gewesen, die Welt zu erschaffen, nur um seinem Sohn darin ein Kreuz zu errichten und ihm beim einsamen Sterben zuzusehen. Christus jedoch war nicht der seine. Er kam von viel weiter her, und so fremd wie wir hier war er ihm. Über dem All und in seinem Lichtreich verborgen ist ein anderer, der einzige Vater und gute und wahre Gott, von dem wie von einem Gott zu denken sich gar nicht erst ziemt. Er hat weder die Welt noch den Menschen geschaffen und ist beiden nichts schuldig. Aus daher grundloser Liebe hat er seinen Geist Christus hinab entsandt, um uns Labyrinthverlorene und die gesamte todverfluchte Welt zu erlösen und die heillos zersprengten göttlichen Funken zu sammeln und zum Vater ins jenseitige Licht zurückzuführen. Einfach war das nicht, da ihm die Wächter den Weg zu versperren suchten. Er aber täuschte sie, nahm listig nur zum Schein einen menschlichen Körper an, hing als Trugbild am Kreuz und durchquerte so ungehindert die Sphären hinauf an den Archonten des Demiurgen vorbei. Auch der Tod ist bloßes Trugbild seitdem und Sterben nichts weiter, als die Tore einer verpesteten Stadt hinter sich zu lassen und ihren Staub von den Füßen zu wischen. Die Archonten aber verfolgen, beschatten uns, sind immer schon da und suchen diese unsere Einsicht, die «Gnosis», zu trüben: täusche dich nicht. Täusche *sie*.[25]

Gib acht, daß keiner dich erkennt

Als Bischof von Nordafrika und Starprediger Nummer eins in der Wende vom vierten zum fünften Jahrhundert war Aurelianus Augustinus selbst einst Anhänger der Gnosis gewesen und wußte genau, daß nur jene Häresien gefährlich sind, die zur Orthodoxie taugen könnten. Und gerade diejenige Markions war für ihn solch ein Fall. Weil der es vorgezogen hatte, saubere Schnitte zu führen und einen guten Gott von einem bösen zu trennen, weil sein System überhaupt ein System war und nicht verworren litaneienselig wie die Glaubensurkunden anderer Gotteskenner mit ihren «Äonen der Herrlichkeit», zwang Markion die sich als Staatsreligion formierende Kirche zu einem Gegensystem. Sie hielt die Vorstellung von einem Kosmosintriganten keine Minute länger aus.

Augustinus wollte den Gott des Alten Testaments als den des Neuen ein für allemal gut und gerecht über den Kosmos herrschen lassen, zumal sich dessen Schöpfung als weniger untergangswillig erwies denn versprochen. Würde die Wiederkehr Christi weiterhin auf sich warten lassen – und es sah ganz danach aus –, dann durfte diese Welt kein «unsicherer Ort» sein, wie Mahler sagt, und ein Kerker des Bösen schon gar nicht. So hat Augustinus seine und damit die gesamte katholische Theologie gegen Markion errichtet. Auch Augustinus sprach seine Gottheit zwar von aller Verantwortung frei – mit einer Pointe freilich, die Markion als böswillige Häresie eines Misanthropen verurteilt hätte: Augustinus gab den Posten, den bei Markion der Demiurg besetzt hielt, an die Menschheit weiter. Sie hatte, kaum daß die Erde glücklich geschaffen war, sich im Paradies aus «verkehrtem Gebrauch des freien Willens» von Luzifer dazu verleiten lassen, die Schöpfung zu verderben, sich selbst «in Todesbande zu verstricken» und dem Bösen zu verfallen, dem Augustinus aber wenig Erfolgschancen einräumte, da es nichts ohne das Gute war. Wozu es diesen «freien Willen» gab, wenn man ihn erst gar nicht «verkehrt» gebrauchen durfte, blieb zwar eine offene Frage, die Augustinus aber mit dem Hinweis verwischte, wie «hocherhaben die Vorsehung des Schöpfers und Lenkers der Welt» doch sei. Gott war von nun an fein raus, und der Mensch, «sein eigener Teufel», einfach selber an allem schuld.

Verwahrt in der Bibliothek von Alexandria, mit Begeisterung und Abscheu studiert, ausgesondert, verboten und vergraben, überdauerten Markions *Antithesen* nur in denjenigen seiner Gegner: referiert, um widerlegt zu werden. Doch ging die Erbsündenphantasie des Augustinus zu freimütig auf Kosten des Menschen; der gnostische Verdacht war gleich einer Intuition nie ganz aus der Welt zu schaffen, und so wirkte Markion bei Lord Byron, Poe und Herman Melville, Schopenhauer und Stevenson, Borges, Nabokov, Elias Canetti, Philip K. Dick, Dürrenmatt und Émile Cioran untergründig fort. Wenn Luther gnostisch aufgelegt war, kam ihm Gott wie ein Jüngelchen vor, das mit Bauklötzen spielte, sie auftürmte und umstieß. *Nobodaddy*, «Niemandes Vater» und niemandes Gott, gerissen, eifersüchtig und eitel, hatte nach William Blake die biblischen Worte derart dunkel verwirrt, daß der Mensch sich von ihm entfernen mußte, um bei Sinnen zu bleiben. Und wahnsinnig wurde, wer H. P. Lovecrafts Gottheitsungeheuer Cthulhu zu Gesicht bekam, das sich bis heute durch die Literatur des Makabren und Phantastischen wälzt: Von ihm sind wir gekommen, eine degenerierte Lebensform, haben seinen Planeten ahnungslos, aber widerrechtlich in Besitz genommen, und wenn er aus der Tiefe seiner Höhlen und Meere wieder emporsteigt, um sich zu nehmen, was ihm gehört, werden er und seinesgleichen mit uns verfahren wie wir aus Neugierde, Hunger und schlichter Freude am Töten mit Ratte und Huhn – sie werden uns sezieren, ausweiden und fressen.

So kommt das Böse nicht nur bei Lovecraft gnostisch bestens ohne das Gute zurecht, wie der Junge in Kehlmanns Erzählung *Töten* aus *Unter der Sonne* sich selber beweist: In der lustlos friedlichen Sommerferienleere seiner Vorgartenwelt hat er einen Theologen im Fernsehen augustinisch davon reden hören, das Böse könne nicht sein ohne das Gute, und nachdem er von einer Brücke aus einen Ziegelstein auf einen unten vorbeifahrenden Mercedes fallen gelassen und den Hund des Nachbarn vergiftet hat, fühlt er um sich her einen «kalten Glanz» und «eine Art Heiligkeit». Ein solcher Junge –

mit schmalem Schatten – ist es denn auch, der in *Mahlers Zeit* wie seit je neben Mahler herzugehen scheint und ihm etwas auszurichten hat. Von Anbeginn sitzt Mahler in einem Intrigennetz von kosmischem Ausmaß fest: Es kommt nicht alle Tage vor, daß dir jemand in der Kindheit droht, «Mach das lieber nicht. Natürlich weißt du nicht, wovon ich rede. Aber du wirst verstehen», und dir für eine Entdeckung einen Schlag in den Nacken versetzt, noch ehe du überhaupt auf sie gestoßen bist. Beerholms Adoptivmutter Ella versengte ein Blitz; Mahlers kleine Schwester wurde von den rotierenden Bürsten eines Fahrzeugs der Straßenreinigung ergriffen, in sein Mahlwerk hineingesogen und enthauptet – und solcherlei genügt, um einen wie Markion daran zweifeln zu lassen, hocherhaben und gut sei die Vorsehung des Schöpfers und Lenkers dieser Welt. Seitdem geht Mahlers Schwester durch seine Träume und teilt ihm Botschaften mit, die er nie in den Tag hinüberzuretten vermag. Wie Timofey Pnin von einem zwielichtigen Grauhörnchen, so wird Mahler tagsüber von einer Libelle begleitet, die seine Schwester sein und ihm «Zeichen» geben könnte dafür, daß irgendwo eine Welt ist, wo er sich von nichts verfolgt wähnen muß: Sollten die einen wissen, daß er künftig die Konstruktionsfehler in der Schöpfung ausfindig machen würde, und ihn davon abhalten wollen, so wüßte es auch ein anderer, gänzlich fremd und doch freundlich, und Mahler wäre vorab gerettet und geborgen.

Tatsächlich empfängt Mahler Visionen, Sonnensignale in Gestalt von «Zahlen, die noch nicht ganz Zahlen waren» und die wie die göttlichen Lichtfunken bei Markion nicht von dieser Welt sind: Sie eröffnen ihm die «Unvollkommenheit im Aufbau» des Kosmos, «Fehler eines zerstreuten Planers, Beweise eines mangelhaften Entwurfes, schlecht durchgeführt, auf ungeschickte Weise verborgen». Die vier Formeln, die Mahler aus diesen Zahlen gewinnt, würden den zweiten Satz der Thermodynamik zunichte machen und damit die geradlinig fortschreitende Zeit, Altern, Verfall und Tod. Daß sie kein Irrtum sind, bezeugen ihm und seinem einzigen Freund Marcel auch ihre Déjà-vus: Wenn man erlebt, was man schon einmal erlebt zu haben glaubt, steht die Zeit, die dein Ende sucht, für diesen einen Augenblick lang still. *Erkenne alle, auf daß keiner dich erkennt, und tu so, als seist du niemand oder irgendwer* – nach dieser gnostischen List sucht Mahler von denen unentdeckt zu bleiben, die er, ohne auch nur eine Zeile Markions gelesen zu haben, «die Wächter» nennt, «eine Truppe dienender Wesen, die sich einmischen, die, wo es nötig ist, für die Durchsetzung der Regeln sorgen, sie vor Entdeckung bewahren, das Fortschreiten der Zeit überwachen und die Unausweichlichkeit des Todes». Darum ist ihm, als stünde er «im Mittelpunkt einer verwirrend starken Aufmerksamkeit», als sprächen die Fernsehpuppen zu ihm und bewegten sich Schatten beim Einschlafen durch die Dunkelheit: Jaldabaoth, «Gott der Schatten», weiß, wen er wo suchen muß. Darum wird Mahler immer häufiger fieberkrank, verschlimmert sich seine Kurzsichtigkeit rasant und glaubt ihm seine Freundin Katja kein Wort; darum saugt sein Computer seine Berechnungen in sich hinein wie das Fahrzeug der Straßenreinigung damals seine Schwester und läßt nur weißes Flackern zurück; darum schlägt naturwidrig ein Blitz in das Auto ein, das ihn zu jenem Kongreßhotel bringt, wo der Nobelpreisträger Boris Valentinov ihm endlich Gehör schenken soll, wirft ein Rezeptionist mit schmalem Schatten ihn aus dem Hotel und tötet ihn ein zweiter Herzinfarkt, bevor er, ein echter Magier nach Beerholmschem Verständnis, die letzte seiner vier Formeln sprechen kann.

Nur Valentinov, dem er seine Notizen und Vorträge geschickt hatte, hätte ihn zu verstehen und zu rechtfertigen vermocht; der aber erklärt Marcel, Mahlers Berechnungen seien allesamt falsch und «keine Wissenschaft». Vorsorglich hat

Valentinov Mahlers Papiere schon alle vernichtet – ein Archon gerade auch er: Nicht von ungefähr ist er desgleichen von «schmaler Gestalt». Das Blau des Sees, das auch das Blau des Himmels ist, nimmt Mahler auf, er begreift und würde es gerne noch jemandem sagen – doch es ist «nicht mehr nötig»: Er verschwindet an jenen dem Demiurgen verschlossenen «unerreichbaren Ort», wo ihn seine Schwester erwartet ... und noch jemand, der lebenslang eingesperrt war und hoffte, einen Riß in die Schöpfung schlagen und entrinnen zu können.[26]

IV GELIEHENER STAUB
Der fernste Ort

Das Königreich im Meer

Er hat von vornherein keine Chance, und der Witz an der Sache besteht darin, ihn seine Verlorenheit erst allmählich spüren zu lassen.

So erklärt Paul seinem Bruder Julian im *Fernsten Ort* von 2001 sein neuestes Projekt für die Strategiespielfirma *Infotoy*: Die Software täuscht die Besatzung eines Raumschiffs vor, von der der Spieler nach und nach zu seinem Entsetzen entdeckt, daß sie ihm nicht gehorcht, daß sie seine Befehle gezielt falsch ausführt und sich geschlossen gegen ihn verschworen hat. *Sie wissen, was du vorhast* – das ist das geheime Spielprinzip. Der Spieler wird in ein wachsendes Mißtrauen genötigt, das er viel zu lange gegen sich selber kehrt: Die Konstrukteure dieses Spiels, ärgert er sich zunächst, müssen ganz schön gestümpert haben – um seine Entrüstung dann in der Annahme zu beruhigen, der Fehler werde wie so oft bei ihm selber liegen. Als hätte Paul für sein Programm Markions *Antithesen* konsultiert, ist das Ganze auf jenen *einen* großen Augenblick des Grauens hin komponiert, da der Spieler begreifen muß, daß nicht *er* spielt, sondern mit ihm gespielt wird, und er, «belogen» seit Spielbeginn und «von Feinden umgeben», niemals gewinnen kann.

Ob sich so was denn verkaufen lasse?, erkundigt sich Julian, und Paul darauf: «Erstaunlich, nicht wahr?» Hat der Spieler dieses *World of Godcraft* einmal zu spielen begonnen, ist er verloren, von der rührenden Wahnvorstellung gefoltert, diese verzwickte Intrige doch noch durchbrechen zu können. Über die Aussichtslosigkeit seiner Konsumenten kann sich Paul indes so begeistert erregen, als hätte er damit das gesamte tückische Universum in die Tasche gesteckt. Innerlich ewig gähnend, scheint er schon im Mutterleib in der Kunst der kalten Schulter unterwiesen worden zu sein. Alles in ihm zuckt nur immer die Achseln. Selbst seine Eltern fürchten ihn. Er besitzt zu wenig Gemüt und Vorstellungskraft, um Angst zu empfinden, und so erwägt man in seiner Gegenwart beständig, was für ein leeres Gesicht seine anfallsartig grinsende Maske verdecken mag und ob man nicht bereits mit einem Toten spricht.

Julian – in seiner beklommenen Sanftmut und fast unnatürlichen Pietät – muß Pauls heitere Feindseligkeit von Herzen mißfallen. Allzu genau nämlich zeichnet die brüderliche Demiurgensoftware den Grundriß seines eigenen, schlecht belichteten Daseins nach. Von klein auf ist für ihn wie für Mahler – in Julians Fall aber ganz ohne sein Zutun – Wirklichkeit ein im Wortsinn unheimlicher Ort: von den Marionetten im Kinderprogramm über den Gummipolizisten, der sich im Garten vor ihm versteckt hält, bis zu jenem zerzausten Stoffbären, der von einem Schrank aus seinen Liebesakt mit Clara unfreundlich zu beäugen scheint. Selbst das Weiß seiner Wohnung bedrängt ihn. Existenz ist Exil, bei dem man die Tage zählt wie ein Sterbestatistiker Tote. «Und noch ein Sommertag würde vorbei sein, kaum zu unterscheiden von den vergangenen und denen, die kämen, nichts würde sich ändern.» Man lebt, nur um zu sterben, und sieht im Leben nichts, was den Tod verächtlich machte. Gleichgültig, worauf sich die Formel «Das ist nichts für Sie» seines «intelligenten und bösen» Vorgesetzten Wöllner bezieht: genau so fühlt es sich für Julian an, auf der Welt zu sein. Für ihn ließe sich das Universum in drei

Fragen fassen: Wie lang ist die Eisenbahn, die andere «ein Leben» nennen, wo fährt sie hin, und wie springt man ab? Belogen und von Feinden umgeben, ist Julian innerlich ständig auf der Flucht aus diesem perfekt inszenierten Inferno verworrener Schäbigkeit «ins Freie» und «hinaus». Überall ist es besser, wo er gerade nicht ist.

Von seinem Schulkollegen Peter Bohlberg gepeinigt und von seiner Mutter verurteilt dafür, nicht Bruder Paul zu sein, ist Julian mit elf Jahren fortgelaufen vom sogenannten Zuhause in einen Schneesturm hinein, hat von fern einen See «wie eine Täuschung» aufblitzen sehen und wäre im Zug, ohne es zu bemerken, beinahe in die gemütlich wulstigen Finger eines Pädophilen mit wäßrigem Blick geraten. Als ein Polizist ihn zurückbringt, empfängt ihn sein Vater mit Geschrei und Hausarrest, und Paul fällt Julians Existenz überhaupt erstmals auf. Was er nach der Schule werden wolle? Das wisse er nicht, erwidert Julian, «eigentlich gar nichts». Da habe er aber Glück; denn das sei er schon. Der Vater flüchtet aus der Familie, die Mutter vergiftet sich, während im Radio eine Gesundheitssendung läuft und ein Arzt darin mit seinen Tips und Tricks zur besseren Lebensführung Handel treibt: Der große Wandspiegel im Wohnzimmer, in den sie starrt – das war «ich», das werde «ich» gewesen sein –, während sie drei Packungen Schlaftabletten schluckt, versäumt eine ganze Nacht lang «keine Sekunde ihrer Reglosigkeit» im Lehnstuhl, in dem sich's zuvor nur der Vater bequem machen durfte; und dieses Bild läßt Julian ein Leben lang nicht los.

Als seine Freundin Clara schwanger wird, akzeptiert er den Posten an der Universität, den er ursprünglich ablehnen wollte, und schreibt seine Dissertation über den niederländischen Universalgelehrten Jeroen Vetering aus dem siebzehnten Jahrhundert: Nur allzu gut kann er ihm die Sentenz nachfühlen, daß die Hölle schon immer «hinter der nächsten Straßenecke» beginnt. Und so ist es: Die akademischen Dämonen des Feinsinns beurteilen sein Buch *Vetering – Person, Werk, Wirkung* vernichtend und rasch. Um es vorm Einstampfen zu bewahren, kauft er dem Verlag die Restexemplare ab. Zur Not kommt er bei einer Versicherung unter, die – wie jede – die Prämien ihrer Kunden nach Sterbetafeln errechnet. Diese Tafeln formieren sich zu einer «Absterbeordnung», die vorgibt, wie viele welchen Alters im Durchschnitt wann an Krebs oder kranken Herzens sterben werden und wie viele Jahre bis zum «staubigen Tod» – in den Worten Macbeths – den Überlebenden noch bleiben. Zur dumpfen Freude des Kollegen Mahlhorn funktioniert diese «Absterbeordnung» so vollkommen wie Pauls Computerspiel: Sie hat «mit gegebener Wahrscheinlichkeit» immer recht. Aufgewogen vom Durchschnitt, ist jeder Zufall hier mitbedacht, und so auch, daß Clara ein totes Kind zur Welt bringt, eine Chimäre fast, ein fischähnliches Gnomenwesen; Julian macht Schulden, und seine neue Liaison namens Andrea ist wie Paul gleichgültig einverstanden mit allem. «Du wirst es nie lernen», befindet sie, und so undeutlich dieses «es» ihr selber auch ist: seine Anrufe könne er sich von nun an sparen. Die Liebe wird, so hofft man, das eigene Dasein steigern – Julian zieht sie hinab.

Er fühlt sich gnostisch als Fremdling; und wer meint, in der falschen Welt zu sein, der lebt einzig noch davon, zu bezweifeln, daß es nichts dahinter gibt. Doch *was* ist dahinter? Robert Louis Stevenson versenkte sich in seiner Kreidezeichnung der Schatzinsel auf den Dielen seines Arbeitszimmers. Kehlmann wollte lesend lange in Nabokovs Universum verschwinden, Nabokov selbst als Kind in den verzauberten Buchenwald über seinem Bett und Vseslav Botkin im *Fahlen Feuer* unter dem Namen Charles Kinbote in sein imaginäres Königreich Zembla. Kramer sehnte sich hinein in Bonvards Sonne und Meer; Mahler drängte es an den Ort, wo seine Schwester war, und so wie

Gospodin im Versroman *Ultima Thule* zur behüteten Küste seiner Frau, so zieht es Julian zu einer zweiten Kindheit hin, noch ehe die erste vorüber ist, und an jenes Königreich im Meer, von dem er in der Schule über Goethes Gedicht zum ersten Mal hörte: Nachdem ein griechischer Seefahrer dieses Königreich vier Jahrhunderte vor der christlichen Ära im Norden Europas gesichtet haben wollte, wurde es zu einer Wunderinsel, da des Seefahrers Reisebericht mit der Bibliothek von Alexandria in Flammen aufgegangen war. In Julians Schlafzimmer hängt, den *Sämtlichen Werken* Veterings gegenüber, unter dem langen Riß in der Decke eine alte Seekarte und zeigt die Küstenlinie ebendieses Inselreichs, von Drachen umspielt, inmitten der Nebelschwaden des Meeres: Es ist Ultima – «äußerstes» – Thule, «der fernste Ort» und Julians einziger Trost.[27]

Die Wildnis der Spiegel

Mit ihm rechnet kein Mensch, so soll auch niemand auf ihn zählen können, und die Gelegenheit zur großen Weltflucht kommt – durch einen glücklichen Zufall, sofern der Zufall in einem horrenden Slapstickuniversum wie dem seinen überhaupt «glücklich» sein kann. Professor Ebelweg nahm seinen Dozenten Kramer in *Unter der Sonne* zu einem Kongreß nach Frankreich mit, und Julian reist an Wöllners Seite zu einer «kleinen Tagung» nach Italien. Auf seiner ersten Flucht erschien dem Elfjährigen vom Zug aus ein See – und jetzt hat er ihn vor sich. Eigentlich sollte er einen Vortrag über die «zunehmende Bedeutung des Virtuellen» in der Mediengesellschaft vorbereiten, den er in zwei Stunden vor übel verkaterten Versicherungsleuten zu halten hat; doch statt sich immer nur irgendwelcher Pflichten, Pflichten, Pflichten entledigen zu müssen, fremdauferlegter Zwänge und Dauerreglements, will er einmal wenn nicht im Meer, so wenigstens im meergleichen See baden, als wäre damit eine «letzte Chance» genutzt, sein ödes Daseinseinerlei für Momente zu suspendieren. Er steigt ins Wasser, schwimmt hinaus ins Freie fast bis zur Mitte des Sees, gerät in eine ungünstige, kalte Strömung, etwas greift nach seinem Fuß, berührt seinen Hals, «weich und fast angenehm, der Arm einer Schlingpflanze», er geht unter in der gezeitenlosen Tiefe, erblickt am Grunde des Sees einen weggeworfenen Kühlschrank und – kann sich retten, gerade noch.

Zurück am Ufer, entschließt er sich, für ertrunken zu gelten und als scheinbar Toter seinem Leben zu entrinnen «egal wohin, nur immer weiter» und so das bißchen Glück zu finden, auf das, will man Esoterikratgebern Glauben schenken, jeder ein Anrecht hat. Er läßt Kleidung, Schuhe, Brille liegen und macht sich davon.

Man hat nur ein Leben: Er bekommt noch eins. An diesem zweiten Leben aber geht grundsätzlich alles schief, und was folgt, ist wie eine Zeitrafferparodie seiner elend verunglückten Vergangenheit.

Manche fühlen sich heimgesucht von Gespenstern, andere – Schriftsteller meist – von Geschichten; bei Henry James war gleich beides der Fall. Nachdem *The Turn of the Screw* vollendet war, fürchtete er sich vorm Einschlafen, und ein Jahrzehnt später, 1908, kam ihm wie aus dem Nichts die Idee zu *The Jolly Corner* und hielt ihn die ganze Nacht wach: Spencer Brydon ist vor mehr als dreißig Jahren aus seiner erziehungsstarren Kindheit und durchfrorenen Jugend nach Europa geflohen, und als er nunmehr zurückkehrt in sein New York, fragt er sich, was aus ihm wohl geworden wäre, wenn er sein Leben in jenem «jolly corner» zugebracht hätte, dem alten Familienhaus, das eben so gar keine «gemütliche Ecke» war und das Brydon daher zum Abriß bestimmt hat. Brydon quält sich; er ist von der – wie er selber zugeben muß – «morbiden Vorstellung» besessen, ein Alter ego sei «tief unten» in ihm, dem er «wie eine monströse Katze» im Haus aufzulauern sucht. Eine der vielen Türen des Hauses war eben noch offen und hat sich nun plötzlich geschlossen, Brydon will sich zurückziehen, auf den drohenden Anblick einer Präsenz verzichten, die wartet, bis *er* endlich geht, und bricht zusammen, ehe jene Präsenz wirklicher werden könnte als Brydon selbst.

Als wäre sein Bewußtsein gespalten, geht ein Fiebertraum auch in Julians wachen Stunden um, ein gewalttätiges Gefühl von Ungenauigkeit hält ihn im Nacken gepackt, er fühlt sich erfunden, kaum daß er am Zielbahnhof in ein Taxi steigt, dessen schnurrbärtiger Fahrer gleichmütig seine Zigaretten raucht und den Sitz neben ihm als Aschenbecher nutzt: auch wenn man ihn bittet, es nicht zu tun. An den Abenden seiner Kindheit bat Borges Gott und alle verfügbaren Engel des Himmels, ihn nicht von Spiegeln träumen zu lassen, der Gnosis hatten sie als Werk des Demiurgen gegolten, da sie seine mißratene Schöpfung vervielfachten: Julian irrt, kaum diesem Taxi entstiegen, verloren wie in Pauls Computerspiel umher. Er blickt unzählige Male in eine Wildnis von Spiegeln, um sich seiner selbst zu versichern – bis sein Spiegelbild ihm nicht mehr gehorcht, seine Gesten falsch ausführt, so als wäre ein anderer hinter der Spiegelwand; so als wendete sich sein Spiegelbild von ihm ab; so als wendete er sich ab von sich selbst. Zwar kommt sein Spiegelbild zu ihm zurück, doch erkennt er in seinen Augen dann die Pupillen nicht mehr: Besitzt er einen «Doppelgänger», ein zweites Ich, Spencer Brydons Alter ego, das – der üppigen Tradition dieses Motivs nach – seinen Ursprung im spiegelnden Wasser hat, einen *fetch*, Dämon, der ihn holen will? Und das jetzt, gerade jetzt, wo er dem Wassertod so glücklich entronnen ist?

Die Widersinnigkeiten häufen sich. Julian besucht seinen Vater im Krankenhaus, später erfährt er von Paul, der Vater sei lange tot. Paul schaut in Julians Wohnung vorbei und ist besorgter um ihn, als es ihm seine mondäne Gleichgültigkeit je erlaubt hat, schenkt ihm Geld für seine zweite, letzte Flucht und setzt Wöllners Formel «Das ist nichts für Sie» ein optimistisches «Du hast noch einiges vor dir» entgegen – behauptet aber zugleich, er sei nicht wirklich er. Als Julian sich einen falschen Paß besorgen muß, fährt ihn derselbe unbeirrbar rauchende Taxifahrer ins nächstbeste Nachtlokal, in dessen Keller ihm ausgerechnet sein Vorgesetzter Wöllner mürrisch einen neuen Paß überreicht; und im verschneiten Zug nach Nordosten begegnet er einem Jungen, der sich, wie er selbst einmal fast, im Netz eines Pädophilen verfangen hat.

Was geht hier vor? Nicht aufs Geratewohl hat Kehlmann den italienischen Hotelrezeptionisten bereits im ersten Satz von *Der fernste Ort* zu Julian sagen und damit auch dem Leser ausrichten lassen: «Seien Sie vorsichtig!» Erst ganz allmählich begreift Julian – immer wenn Unterwasserbilder sein inneres Blickfeld kreuzen; als er nordostwärts in ein Schneegestöber gerät wie bei seiner ersten Flucht und nunmehr Mahlhorn und dem ehemaligen Schulkollegen Peter Bohlberg sein Geld übergeben muß, so wie einer, der bei Vergil vor dem Übertritt in die Welt der Schatten einen Zweig aus Gold darzubringen hat; spätestens aber, als Julian neben den Gleisen am Bahnhof einen weggeworfenen Kühlschrank entdeckt wie einst am Grund des Sees, einen «strömenden Widerstand» spürt und sich ein Schlingpflanzenarm weich und sanft um seinen Hals legt in der kühlen Stille des Wassers, wird ihm bewußt: so fühlt es sich an, wenn man stirbt. Spencer Brydon bei Henry James mag ein Gespenst gesehen haben, sein anderes, ungelebtes Ich; Julian indes ertrinkt und ist selbst fast schon eins.

Man ist tot, doch man weiß es nicht – dieser kehlenzuschnürende Einfall hat, von Borges bis zu Cees Nooteboom, eine eigene literarische Tradition, und Nabokov war auch darin, mal wieder, Experte. In seiner Erzählung *Einzelheiten eines Son-nenuntergangs* von 1924 springt Mark Standfuss in Vorfreude auf das Wiedersehen mit seiner Verlobten Clara zu früh von der Straßenbahn und wäre so fast von einem Bus überfahren wor-den, ein beängstigend prächtiger Sonnenuntergang erobert den halben Himmel und enthüllt ihm durchscheinende Säu-lengänge und schwebende Galerien, Friese und Fresken, «ein architektonisches Zauberwerk», Mark Standfuss erwacht ban-dagiert und verstümmelt in einem Krankenhaus, der Bus *hat* ihn *doch* überfahren, und er stirbt: «Mark atmete nicht mehr, Mark war abgereist – wohin, in welche anderen Träume, weiß niemand» – mit diesem Satz endet Nabokovs Erzählung, der Kehlmanns *dark tale* als Motto voransteht. Und Kehlmann geht noch einen Schritt weiter, indem er verrät, wohin Julian auf Durchreise ist und was genau es auf sich hat mit dem Spiegel-gefängnis seiner Agonie.[28]

Die Freuden des Abschieds

Markion berief sich zur Beglaubigung seiner *Antithesen* immer auf den Apostel Paulus, der um 55 fürs Sterben eines jeden eine «Verwandlung» verheißen hatte, ohne sich über diese Meta-morphose dann sonderlich auszulassen. Die Verheißung blieb zu unhandlich abstrakt, wie es Verheißungen allemal sind, und so kam sie dem fleischlichen Entsetzen nicht bei, das im-mer schon tiefer saß, als Trostgründe zu dringen vermochten. «Tod, wo ist jetzt noch dein Stachel?», frohlockte Paulus – doch blank ragte aus all dem Jubel unbeirrt weiter der Stachel hervor. Die abendländische Imagination des Mittelalters mußte sich etwas einfallen lassen.

Sie ersann sich aus der Welt der sinnenlosen Schatten bei Homer und Vergil neben Himmel und Hölle den Geisterort des

Fegefeuers, der bereits einem Aurelianus Augustinus bei seinen Fürbitten für die tote Mutter Monika dienlich gewesen war. Aus diesem Fegefeuer gewann 1758 Emanuel von Swedenborgs zum Höchsten drängende Phantasierlust sein «gläsernes Zwischenreich», wo jeder Tote, soweit ganz munter, gar nicht erst weiß, daß er bereits tot ist.

Nun kann man wenig, man kann auch gar nicht, man kann aber auch zu sehr an Gott glauben, und Swedenborg war, bevor ihn Gottes Präsenz zur Gänze in Anspruch nahm, Bergbaubeamter in Stockholm, Anatom, Buchbinder, Tischler, Optiker, Uhrmacher und dabei ziemlich bei Sinnen gewesen. Er hatte die These von Laplace vorwegskizziert, nach der das gesamte Sonnensystem aus einem Urnebel heraus entstanden war, hatte ein Schiff entworfen, das in der Luft schwimmen, und eines, das zu Kriegszwecken unter Wasser fahren sollte; neben der Bibel erregte besonders Shakespeare seine durchwegs handwerklich gestimmte Einbildungskraft, und in einer Aprilnacht folgte ihm ein Unbekannter schweigend durch Londons Straßen, trat in seinem Haus vor ihn hin wie Hamlets Vater, offenbarte sich als Gott, als *der* Gott, und trug ihm die Mission auf, der im Atheismus versandenden Menschheit den Glauben an Christus zurückzugeben. Dafür, versicherte ihm Gott, würde Swedenborg im Geiste Himmel und Hölle durchwandern dürfen, sich über deren Beschaffenheit kundig machen, mit allen Toten, Engeln und Teufeln plaudern, nach Belieben ausführlich – und Swedenborg stenographierte fünfzig Bände lang eifrig mit. Ihm wurde zur Kenntnis gebracht, daß jeder Verstorbene sich für eine Weile gar nicht bewußt ist, tot zu sein, da sich alles gleichbleibt und der Tote weiter seiner Arbeit nachgeht, seine Freunde besucht und sich auf seiner inneren Bühne ein illusorisches Bild aus der ihm gewohnten Welt und den Personen zusammensetzt, wie sie ihm aus dem Diesseits geläufig sind. Erst allmählich beunruhigt ihn, um wieviel lebhafter seine Empfindungen sind und um wieviel prächtiger die Farben: «Hier», ahnt er verblüfft, «stimmt etwas nicht». Dann fällt der Groschen: Ich bin, was mich eben noch vor Angst oft fast um den Verstand gebracht hat. Und in diesem Zwischenreich ist ihm das Vorrecht zugestanden, sich selbst zur Hölle zu verdammen oder den Himmel zu erwerben: Wer im Leben ein Schurke war, bewundert das Verhalten der Teufel und folgt ihnen nach, wer rechtschaffen, schließt sich den Engeln an. Eine grundstürzende Idee – denn wer so denkt, der kann zur Abwechslung dann ja auch einmal sterben wollen.

Aus der Gestalt und Gedankenwelt Swedenborgs hat Kehlmann die Gestalt des Jeroen Vetering hervorgehen lassen, dessen Werke regalschwer in Julians Schlafzimmer stehen. Teils mit «Tränen in den Augen» hat er sie studiert, teils gemieden, teils wie eine bizarre Landschaft nur rasch überflogen. Was ist auch von jemandem zu halten, der sich zur Illustration seines Glaubens, die Schwerkraft habe keine Gewalt über den Geist eines Menschen, in Beerholmscher Manier aus dem Fenster stürzt und dabei wähnt, das Blau des Himmels nähme ihn auf? Swedenborg erging es ähnlich: William Blake, Goethe, Matthias Claudius, der Vater von Henry James oder Miguel de Unamuno wußten sich vor Begeisterung über Swedenborgs Visionen kaum zu fassen, während er später, wie Vetering bei Julian, als eulenhafter Prototyp eines «armen, verrückten Alten» verschrien war, der in einem Sanatorium etwas von den «Grenzsäumen des Himmels» vor sich hin mümmelt. Andererseits aber hielt sich ein ferner Nachhall von Swedenborgs Stimme in der Luft abendländischer Vorstellungskraft; immer wenn man das Jenseits nicht den Kirchen überlassen wollte, die einem das Heil drüben je nach Gnadenlaune per Sakrament gewährten oder eben auch nicht, kam Swedenborg ins Spiel: Letzte Ölungen hin oder her, hatte er gelehrt, es würde ohnehin «alles ganz anders» werden, und an die Stelle fassungsloser Todesangst trat in jedem Leser Swedenborgs eine fast belustigte Gelassenheit. Selbst atheistisch Aufgelegte wie der Dramatiker August Strindberg verwandelten sich kurzerhand in kleine Theologen, solange Swedenborgs essentieller Zauber ihnen ihre schlaflosen Nächte vertrieb. Swedenborgs «glühende Geometrie», schwärmte Borges, sei zum Einschlummern schön: endlich daheim.

Auch Kehlmanns *Fernster Ort* ist glühende Geometrie – eine Spiegelkonstruktion, durch deren drittes und viertes Kapitel sich eine Symmetrieachse zieht: Das erste Kapitel spiegelt das sechste, das zweite das fünfte, und im arithmetischen Herzen des Buches findet sich Veterings Swedenborg-Satz, «daß ein Sterbender noch tagelang durch die allmählich unwirklicher werdende Welt seiner Einbildungen irren könne» und «die Welt, die einen Menschen fest zu umgeben scheint», doch nur mehr eine Projektion seines Bewußtseins ist. Er wählt sich aus dem Chaos seiner Erinnerungen einen Gefährten – in Julians Fall war es sein Bruder Paul –, von welchem er bis zur Schwelle des Todes begleitet zu werden vermeint: Darum sagte der verräterisch wohlwollende Paul zu Julian, er sei nicht wirklich er. «Nicht die trübe Parabel von dem Maler, der in seinem Bild verschwindet», habe er, Vetering, im Sinn: Vielmehr sehe er einen Wanderer vor sich, «der langsam und ohne Ungeduld seinen Weg durch eine winterliche Landschaft sucht. Doch während er geht, fühlt er die Luft um sich zu Ölfarbe gerinnen, und er sieht die Berge und den Himmel und vielleicht die Küstenlinie eines fernen Meeres in ein Gemälde erstarren, von dem er selbst nur ein leicht zu übersehender Teil ist, und plötzlich begreift er, und damit erst hat sein Weg sich geschlossen». So lebte Julian in einer Kombination selbstfabrizierter Scheinwelten dahin: Alles, was er durchlitt, nachdem ihn anfangs die kalte Strömung im italienischen See erfaßt und die Schlingpflanze fast gütig ihren Arm um ihn gelegt hatte, war sein höchstpersönliches konstruktivistisches Fegefeuer, Paul, der Vater im Krankenhaus und Wöllner im Keller des Nachtlokals. Nun aber sieht er die Küstenlinie eines ihm einst fernen Meeres, Ultima Thule, die Welt Henri Bonvards, die Dozent Kramer verwehrt geblieben war, er verläßt das Gefängnis auf der letzten seiner vielen Bahnstationen, der Schneesturm hat sich gelegt. – «Der Zug kommt gleich», sagt ein Schaffner, der zuvor jener erbarmungslos rauchende Taxifahrer und immer nur Charon, der Fährmann der Toten, gewesen war, und Julian erwidert: «Ich weiß.» Er lächelt nach 148 Seiten zum ersten Mal. Während seine Leiche im See treibt und die Versicherungsleute fingertrommelnd seinen Vortrag erwarten, hat er endlich noch so einiges vor sich, worauf er sich freuen kann: ein Zuhause, ein Daheim.

Arthur Beerholm dachte sich Gott noch als einen freundlichen Kosmosillusionisten, der sich für Mahler gnostisch zum Kosmosintriganten verdüsterte; bald darauf schrieb Kehlmann einen Roman, der das Prinzip von *Mahlers Zeit* wiederholte, ihm aber nach eigenem Bekunden «zu effekthascherisch und steril» geriet. Er ließ ihn in der Schublade. Mahlers Ahnung jedoch, die Menschheit hinge in einer Nichtigkeit von Planeten an unsichtbaren Fäden fest, nahm Kehlmann mit in den *Fernsten Ort* und verschärfte sie, um zugleich seiner vielleicht größten Furcht zu begegnen: daß nicht nur die diesseitige Welt, sondern auch die jenseitige ein Ort ewigen qualvollen Irrsinns sein könnte. Doch ist der Taxifahrer kein Wächter des Demiurgen mehr – aus dem *Fernsten Ort* wurde zuletzt das Gegengift zu *Mahlers Zeit*. Wie seinem Management Director Lessing in *Schnee* gewährt Kehlmann auch Julian am Schluß ein Licht und eine Leichtigkeit und das Wirklichste, was ihm je widerfahren ist: Am Horizont malt sich, «dünn wie eine Bleistiftlinie» – gezeichnet mit Bleistift von Schriftstellerhand –, die Linie einer Küste. «Das erste Zeichen, daß es bald hell werden würde.»

Schon der lange, «kompliziert verästelte Riß» durch Julians Schlafzimmerdecke über der alten Seekarte von Thule hatte ihn erahnen lassen, wie baufällig die Gefängnismauern des Diesseits im Grunde sind. Als er zum ersten Mal elfjährig weggelaufen war ins Freie hinaus, hatte er die Erfahrung gemacht, daß er seine Fäuste an diesen Mauern gar nicht blutig zu schlagen brauchte, da schon ein winziger geistiger Ruck genügen könnte, den Kerker des Daseins zu sprengen: Auf den Gleisen des Bahnhofs damals erblickte Julian eine «verformte Kugel», die sich in einen Sack verwandelte und ein fünffingriges Weiß, und der Sack dann in den Oberkörper einer Frau, die eben vor einen Zug gestürzt war. In einem dunklen Park betrachtete Julian danach seine Hände, erkannte die Ähnlichkeit mit den Händen der Frau, und ihn überkam ein visionärer Augenblick: «Er versuchte, sich auszumalen, daß er nicht mehr da wäre, nirgendwo, an keinem Ort; und er begriff, daß er sich eben das nicht ausmalen konnte, daß er in seiner Vorstellung immer anwesend sein mußte, auf irgendeine Art, und sei es versteckt oder verwandelt in ein Gespenst.» Was man zu denken nicht imstande war, war keinen Gedanken wert und hatte nie existiert. Wer sich als tot vorausempfand, hatte buchstäblich ausgesorgt: Er würde in Wirklichkeit niemals tot sein. Man war zu Lebzeiten schon geliehener Staub, «selbst von Achill», heißt es bei Ovid, «einst so groß, blieb karg nur eine Handvoll», und diese Einsicht machte den Menschen unverwundbar: Auch die gute alte Sterblichkeit war sterblich. Als ihn sein erster Herzinfarkt traf, dachte sich Henry James: «Da ist sie denn also, diese vorzügliche Sache, der Tod.» Jenseits des Grabes wären viele noch unverbrauchte Welten zu entdecken, sagte sich James, selbst wenn er darin nicht das Vergnügen haben sollte, mehr als nur ihr Zuschauer zu sein.[29]

V DES FÄLSCHERS FURCHT

Ich und Kaminski

Ein Gewerbe für Selbstmörder

Ein Schriftsteller arbeitet, selbst wenn er schläft oder stirbt. Kaum einem anderen Berufsstand ist ein ähnliches, oft bis zur Groteske getriebenes Schicksal vergönnt – weshalb Schriftsteller wohl auch zuweilen in die Unsterblichkeit entlassen werden. Irgendwie auszahlen muß es sich ja, daß man derart aufs Ganze, an die Grenzen ging und über die eigenen Ufer trat.

Nachdem Henry James 1916 so fügsam, fast ehrerbietig zusammengebrochen war, als hätte er wie Julian im *Fernsten Ort* vorm inneren Auge bereits sein persönliches Königreich im Meer ganz nah vor sich gesehen, diktierte er in den wenigen Wochen, die ihm bettlägerig noch blieben, halb im Delirium die Skizze zu einem Roman über die Familie Napoléon Bonapartes, «diese köstliche Familie von Gaunern, Gauklern, Trickbetrügern», und unterzeichnete, als er dabei einen Brief Napoléons fingierte, diesen absichtsvoll versehentlich mit «Henry James».

Im Frühjahr 1922 überrascht der immer im Bett arbeitende Proust, völlig ausgezehrt und buchstäblich «am Ende», seine Haushälterin mit der «großen Neuigkeit», er habe den letzten Satz seiner *Suche nach der verlorenen Zeit* geschrieben, darunter *Fin*, «Ende», und jetzt könne er sterben; dann aber, als wollte er dem eigenen Ende einen Strich durch die Rechnung machen,

schreibt er noch einen Satz, der seinem Romanschluß erst
die rhythmische Fülle sichert, durchkreuzt damit die Dach-
linie des F von *Fin*, und nun erst setzt die Chronik seines Sterbens ein: Proust träumt von Korrekturen (und vom Champagner, der ihm verboten ist), und sieht eines Morgens den Tod
höchstselbst – eine dicke Frau in Schwarz.

«Und dann ist da dein wunderbarer Tod», begeistert sich
Winny Carr gegenüber Flora, als sie ihr am Bahnhof eines
Schweizer Kurorts mit einem Roman auf dem Schoß wieder-
begegnet, in dem sich Flora samt dem Ende ihres Lebens por-
trätiert findet, «[k]omm, ich zeig dir mal deinen wunderbaren
Tod», und Flora wird vermutlich sterben, kaum daß sie mit
dem Roman unterm Arm ihren Zug besteigt: So sollte Nabokovs letzter Roman, *Das Modell für Laura*, enden, den er im Mai
1974, ausgerechnet unter dem Arbeitstitel *Sterben macht Spaß*, in
Angriff nahm und von dem nur 138 Karteikarten überliefert
sind. Schon als Nabokov mit *Lolita* Anfang der fünfziger Jahre
auf der Höhe seiner Leistungskraft gewesen war, hatte er für
«auch nur eine Postkarte Stunden gebraucht», und so wachsen
die Qualen, die er bei der Komposition eines jeden Satzes empfindet, jetzt oft über das Amüsement hinaus, das der Tortur
stets beigemengt war: Zuletzt träumt er an seinem Roman nur
mehr im Delirium fort und liest ihn in Gedanken einem kleinen Geisterpublikum im Garten des Krankenhauses vor – zu
groß geworden ist die körperliche Anstrengung, noch etwas
davon niederzuschreiben, und im Sommer 1977 stirbt er regel-
recht in sein imaginäres Manuskript hinein, das, verfügt er,
unveröffentlicht bleiben soll und ungreifbar wie – so Nabokovs
Metapher auf einer der Karteikarten – «ein Stück Himmel im
Fluß» und wie jene Werke altenglischer Meister «hoch oben im
Regal» einer Bibliothek, wo das Licht nicht mehr hinreicht.[30]

Ob James, Proust oder Nabokov – für die meisten Schriftsteller ist Schreiben bis an den Tod eine sonderbare Melange

aus Schwermut und Hochstimmung, die manche an den Schlußsatz Huckleberry Finns denken läßt: Hätte er gewußt, wieviel Mühe die Niederschrift seiner *Abenteuer* bereiten würde, hätte er sich nicht darangemacht, und er werde es auch bestimmt nie wieder tun. Huck geht nach Westen davon; für James, Proust und Nabokov aber war Hucks «Westen» immer nur ein nächstes Buch. Daß ein Schriftsteller Schriftsteller *ist* in jeder Lebenslage und daß nur, wenn es schwierig wird, aus einem Buch vielleicht etwas werden könnte, hat exemplarisch obsessiv Philip Roth erfahren müssen, der ein Leben lang nichts anderes getan hat als zu schreiben, sieben Tage die Woche von morgens bis abends und oft, aus Alpträumen vom unfertigen, so unsicher wie auf Stelzen herumwankenden Buch aus dem Schlaf gerissen, nochmals von drei bis fünf Uhr früh. Er tippt Romananfänge: – und sie sind grauenhaft. Nach einem halben Jahr hat er hundert Seiten und mehr beisammen, ohne daß auch nur ein einziger Absatz darin lebendig wäre, und ist er da, streicht er die sechs Monate auf diesen einen Absatz hin und eine neue Seite zusammen, die mit viel Glück die erste Seite ist und der Ansatz zum Neubeginn. Dann folgen Monate zwanglosen Spiels, bis er sein Buch allmählich zu hassen beginnt. Und nun geht es erst so richtig los. Wie Gabriel García Márquez befand: Romane «zu schreiben ist ein Gewerbe für Selbstmörder».

An einem Buch zu arbeiten, «als hinge das [eigene] Leben davon ab», war spätestens mit dem *Fernsten Ort* um die Jahrtausendwende auch zu Daniel Kehlmanns Arbeitsmaxime geworden. Drei Romane hatte er angefangen und als «zu leicht» wieder aufgegeben, zwei weitere fertiggeschrieben – den einen nach *Beerholms Vorstellung*, den anderen nach *Mahlers Zeit* –, sie beide später aber für «einfach zu schlecht» befunden und wieder verworfen, und aus *Mahlers Zeit* hatte er einen ganzen Erzählstrang gestrichen, in dem ein Engel, Emissär der Archonten, sich auf David Mahlers Fersen heftet, um ihn zur Strecke zu bringen. Wie hielt man als Autor die permanente Ungewißheit des Schreibens eigentlich aus? Kehlmann hatte wie Philip Roth gelernt, sich zwischen mehreren Vorhaben hin- und her- und von dort aus ins eigentlich Gewollte vorzuarbeiten und dabei jenen drohenden pathetischen Moment des Zusammenbruchs zu vermeiden, an dem er sich verzweifelt im Ungewollten verbeißen könnte, statt es wegzulegen nach der Formel Huck Finns in *Huck's Tune* von Bob Dylan: «*I'm gonna have to put it down for a while.*»[31]

Das war schon mal eine Kunst für sich – doch nachdem Kehlmann Julian nun glücklich die Küste seines Königreichs im Meer hatte sichten lassen, geriet er in eine Krise wie nie zuvor. So jedenfalls, sagte er sich 2001, kann es nicht weitergehen. Denn einige Kritiker im Feuilleton, die den *Fernsten Ort* rezensierten, hatten das Buch gründlich mißverstanden: Es sei «nicht klar», schrieb einer, «ob Julian jetzt einen Gehirnschaden davongetragen hat, ob er träumt oder ob er tatsächlich gestorben ist», ein anderer, «ob Julian tatsächlich ein neues Leben beginnt oder das alte bloß dahinschwindet», und ein dritter, Julian fände «aus seinen quasi-mystischen Erfahrungen [...] vielleicht – die Novelle läßt das offen – zu einer neuen Existenzform». Daß die Rezensenten gewillt waren, an Literatur einzig «Realismus» zur Kenntnis zu nehmen, die phantastischen Passagen überlasen und den *Fernsten Ort* «einen realistisch erzählten Roman» nannten, ließ Kehlmann mit dem Gedanken spielen, eine Literaturbetriebskarikatur zu schreiben, die zugleich auch Nabokov eins auswischen sollte. Dessen dekretierende Übermacht war für ihn nämlich so erdrükkend geworden wie zur selben Zeit für Zadie Smith oder in *Unter der Sonne* für Dozent Kramer der Sonnendieb Henri Bonvard. Bemaß sich die Qualität eines Romans laut Nabokov auch daran, wie viele – wie wenige – Dialogpassagen er ent-

hielt, dann würde Kehlmann ein Theaterstück im Romanko-
stüm schreiben, das sich zugleich auch von allem unterschied,
was ihm bislang, dachte er zuweilen, doch nur mißlungen
war ...[32]

Drakonisch blickte Kehlmann auf sein Werk zurück, auf
Beerholms Vorstellung, *Unter der Sonne*, *Mahlers Zeit*, den *Fernsten
Ort*: So plotgetrieben das alles auch sein mochte – wie oft
drückte darin «Regen» die Stimmung, und warum befand sich
das ganze Romanpersonal immerzu auf der Flucht? Warum,
fragte sich Kehlmann, bin ich trotz meiner «Grundheiterkeit»,
ja «Grundfröhlichkeit» eigentlich immer derart humorlos und
düster, vom *morbus melancholicus* befallen so wie viele andere
deutsche Autoren auch mit ihrem – in den Worten von Thomas
Glavinic – «trägen Zeug, das niemand liest»? War die deutsche
Gegenwartsliteratur nicht etwas zu humorlos, zu arm an Intri-
gen, an der Kunst des ergreifenden Unheils und an Plot, dafür
aber platzvoll öden Alltagseinerlei?[33]

Zu seinem eigenen Schaden geschah es nicht und zu guter Letzt noch weniger zu Lasten der deutschen Literatur, daß
Kehlmann deren Lage in seinen bösen Stunden derart finster
bilanzierte. Es ist gleichgültig, ob er sie schlechter machte,
als sie tatsächlich war, und ob sich gegen seine Diagnose
des deutsch-deutschen Boredom-Syndroms ein paar erlesene
Glücksfälle aufzählen ließen. Es kommt hier nur darauf an,
was er in *Ich und Kaminski* aus ihr gewann: «Ich wachte auf, als
der Schaffner an die Abteiltür klopfte» – ein Eintags-Ich mit
Namen Sebastian Zöllner liegt anfangs quer über drei Sitze
allein in einem Zugabteil ausgestreckt, ist grimmig «aus unangenehmen Träumen» hochgefahren, draußen regnet es trüb-
selig, Zöllner zieht seine Schuhe an, holt seinen alten Rasierapparat aus dem Koffer, geht hinaus, um sich zu rasieren,
gähnt dabei – schon gähnt der Leser mit –, der Rasierapparat
funktioniert nicht, Zöllner ruft den Schaffner, einundzwanzig

Zeilen sind so lähmend spannungsfrei, gleichmütig und ton-
los vergangen, als hätte Kehlmann Samuel Beckett mit der In-
neneinrichtung seines Romans betraut ... Aber dann kommt
es: «Der Rasierer, sagte ich, funktioniere nicht, offenbar gebe
es hier keinen Strom. Natürlich gebe es Strom, antwortete
er. Nein, sagte ich. Doch, sagte er. Nein! Er zuckte die Achseln,
dann seien es vielleicht die Leitungen, er könne jedenfalls
nichts machen. Aber das sei doch das Mindeste, sagte ich, was
man von einem Schaffner erwarte! Nicht Schaffner, sagte er,
Zugbegleiter. Ich sagte, das sei mir egal. Er fragte, wie ich das
meine. Egal, sagte ich, wie man diesen überflüssigen Beruf
nenne. Er würde sich, sagte er, von mir nicht beleidigen lassen,
ich solle aufpassen, er könne mir auch in die Fresse hauen. Das
möge er versuchen, sagte ich, ich würde mich ohnehin be-
schweren, er solle mir seinen Namen nennen. Er dächte nicht
daran, sagte er, und ich stänke und bekäme eine Glatze. Dann
wandte er sich ab und ging fluchend davon.»

Nach dem Prinzip Mark Twains, der letzte Wurzelgrund eigentlichen Humors bestünde darin, eine komische Geschichte
bis zur Feierlichkeit ernst und gewichtig zu erzählen und niemals den Eindruck aufkommen zu lassen, man würde als Autor daran etwas lustig finden, hat Kehlmann mit diesem bur-
lesken Hin-und-her-Gehader alle Tristesse durchbrochen und
steigert dessen Komik noch, indem er es in indirekter Rede referiert. Lachend erhebt sich der Leser mit dem Autor über Zöllner, dem er bald eine ganze Legion von Skorpionen statt der
harmlosen «unangenehmen Träume» in sein blutleeres Hirn
wünschen wird. Daß ein Buch auch Spaß machen könnte,
hatte man einmal gewußt, doch wieder vergessen. Die dunklen Jahre in Kehlmanns Geschichte waren vorüber.[34]

Kaminski muß sterben

Als der Journalist Richard Kliman in Philip Roths *Exit Ghost* vom Romancier Nathan Zuckerman nicht bekommt, was er an Informationen für seine Biographie benötigt, spricht er es aus: «*Crawl into your hole and die*», «Kriechen Sie in Ihr Loch und verrecken Sie». So besagt eines der heimlichen Gesetze der Literaturbetriebsszene, daß es für einen Biographen durchaus erfreulich sein kann, wenn sein Opfer das Zeitliche segnet – aus Max Goldts Erfahrung mit den Ritualen der Mythosverscharrung gesprochen: «Prima war's am Grab des Stars.» Lebt der Star noch, kann er sich wehren, und wer besitzt schon die amüsierte Gelassenheit Tom Stoppards, der bekundete, eine Biographie seiner Person wie die aus der Feder Ira Bruce Nadels sei ihm viel zu lang, um das, was von seinem eigenen Leben noch bleibe, damit zuzubringen, eine Version seines bisherigen zu lesen? Stoppard berichtigte nichts – teils, weil er in seinem Theaterstück *Arcadia* die rivalisierenden Dämonen des Feinsinns dabei vorgeführt hatte, wie sie ihren Kulturvandalismus hinter einem vermeintlich hochehrbaren Interesse an «Kunst» verbargen und in den Lebensläufen ihrer Stars nach anzüglichen Anekdoten mit Talkshowwert kramten, dann aber auch, weil er über das Duell zwischen Nabokov und Andrew Field unterrichtet war, das Nabokov beim Altwerden munter nachgeholfen und ihm sein letztes Lebensjahrzehnt ruiniert hatte – über jene hysterischste aller Fehden also zwischen Biographiertem und Biograph, die die Geschichte der Literatur zu verzeichnen hat.

Er könne auch einfach auf sein Ableben warten und die geplante Biographie dann unter dem Titel *Er nannte seine Mutter Lolita* unter die Leute bringen: so drohte Field Nabokov, als der sich über die Unzahl absurder Irrtümer und Vulgaritäten in Fields Manuskript entsetzt hatte, die Field zu korrigieren nicht gewillt war – etwa daß Nabokovs Vater ein unehelicher Sohn Zar Alexanders II. gewesen sei und der *maestro* seine Mutter einst brieflich mit «Lolita» angeredet habe. Nabokov kam sich mehr und mehr wie der Wärter in einer Irrenanstalt vor, in der er mit einem unbeherrschbar widerwärtigen Wahnsinnigen gefangensaß: «Es hat sich nicht gelohnt, ein alles andere als unerhebliches Leben zu führen [...], nur damit ein pfuscherhafter Esel es neu erfindet.» Als Nabokov sicher unter der Erde war, schrieb Field ein ähnlich monströses Werk wie das angedrohte dann auch tatsächlich. Denn Field sah sich als Künstler und hielt, wo er schon nicht Nabokov selber sein konnte, ihn wenigstens für sein höchsteigenes Lebenswerk. In jeder intimeren Information, die der ihm vorenthalten hatte, witterte er ein schändliches Familiengeheimnis; mit Nabokovs Romanen indes war er so wenig vertraut, daß ihm gar nicht auffiel, wie hemmungslos er Charles Kinbote alias Vseslav Botkin in Nabokovs *Fahlem Feuer* nacheiferte, der biographische Details aus dem letzten Gedicht seines Lieblingslyrikers John Shade so lange verdreht, bis sie sein Hirngespinst zu bestätigen scheinen, er sei der arme exilierte König von Zembla, um mit der – freilich furchtgebietenden – Versicherung zu enden, er werde wider Erwarten nicht Schluß machen mit seinem beschwerlichen Leben, sondern in «anderen Verkleidungen» wiederkehren.

In *Ich und Kaminski* erweist Kehlmann Nabokov seine letzte augenfällige Reverenz: Eine dieser Verkleidungen Kinbotes nämlich ist der angehende Biograph Sebastian Zöllner, der sich schon im Titel *Ich und Kaminski* vor denjenigen drängt, um den es ihm eigentlich gehen müßte – so wie Kinbote vor Shade. Zuerst, rät uns Kinbote, sollten wir seine Anmerkungen lesen und dann Shades Gedicht: Ohne sein Anmerkungen besäßen Shades Zeilen «keine menschliche Wirklichkeit», und obwohl sein geliebter Dichter ihm darin nicht zugestimmt hätte, so habe der Kommentator doch immer das letzte Wort. Und das letzte Wort behalten zu wollen bildet auch Zöllners persönliche Charakterspezialität.[35]

Aus Wöllner, Julians Vorgesetztem im *Fernsten Ort*, klein, glatzköpfig, launisch, intelligent und böse, ist Zöllner geworden, und bereits dieser Buchstabenwechsel von W zu Z verrät, daß Sebastian Zöllner nicht nur alphabetisch besehen das Allerletzte ist und eine Gegenfigur zu Julian, David Mahler, Arthur Beerholm und Dozent Kramer, Kehlmanns verängstigten vier. In ihm ist nichts mehr von ihrer fast wilden Großherzigkeit zu finden, nichts von ihrer Grazie haltlosen Leids und ihrer Sehnsucht nach Inseln jenseits des Schleiers. Selbst in einer Hitparade jener literarischen Scheusale, die Künstlern samt Anhang ihr Dasein versauern, würde Zöllner sich den ersten Platz sichern – noch vor Morrow und Pinhorn in *The Death of the Lion* und dem namenlosen Ich der *Aspern-Schriften* von Henry James, vor Nabokovs Kinbote und Richard Kliman in Roths *Exit Ghost*. Man schlage in einem Lexikon sinnverwandter Wörter unter «boshaft» nach – jedes Adjektiv träfe vorbehaltlos auf Zöllner zu. Der Mann ist mit seinen erst einunddreißig Jahren ein Inbild von Niedertracht.

Schriftsteller, Schauspieler, Magier, Universitätsdozent, Physiker, Sterbestatistiker, Computerspieldesigner, Management Director, Elektriker und nebenher Pyromane: Berufe gibt es viele in Kehlmanns Werk. Keiner aber kommt derart verquält abscheulich und mörderisch daher wie der Beruf des angeblichen Kunstexperten, Biographen, den Zöllner verkörpert: Er ist «der Fremde in unserer Mitte», wie die Gestalten eines Stücks von Tom Stoppard den Kritiker empfinden, als er unaufgefordert aus dem Zuschauerraum ihre Bühne betreten hat, einer jener unverschämtesten aller Gäste, der sogar den Weimarer Weltmann Goethe aus der Fassung bringen konnte – «Tausendsakerment! / Schlagt ihn tot den Hund! Es ist ein Rezensent.» Zöllner ist, simpel und drastisch, ein negativer journalistischer Archetyp: Die Aufnahme in die Kunsthochschule hat er nicht geschafft, seine Seminararbeiten an der Universität schrieb er aus Handbüchern ab, dilettierte ein Weilchen in Farbe vor sich hin und arbeitete bei einer Werbeagentur, wurde Kunstkritiker bei einer Lokalzeitung, war immer derselben Meinung wie die Kollegen, um auf Vernissagen konfliktfrei «Kontakte knüpfen» und damit die höchsten Ziele erreichen zu können, nach denen sein Typus strebt – Ruhm und Geld, gleichgültig, in welcher Reihenfolge, da sie für Zöllner sowieso ein und dasselbe sind. Die eigene Größe erträumt er sich durch die eines anderen wie der mit ihm bekannte Galerist Bogovic, der «manchmal» glaubt, David Hockney sei der Größte, «manchmal», der Größte sei Lucian Freud «oder irgendwer. Manchmal meine ich sogar, daß ich der Größte bin». Wer sich so ergebenheitsbedürftig ausnimmt und fußtrittbereit zugleich, eifersüchtig, arglistig, geschwätzig und dabei von derart opulent prunkender Unwissenheit, dem bleibt, will er alle diese Eigenschaften zärtlich pflegen, wenig Zeit zu wirklicher Kunstbetrachtung. Zöllner ähnelt darin jener Salongesellschaft und Vorform der Talkshow bei Henry James, die in The Death of the Lion Neil Paradays unveröffentlichtes Romanmanuskript nicht liest, weil sie sich sicher ist darin, daß es jemand aus ihrer Mitte bestimmt schon gelesen hat, bis es, von Sofa zu Sofa eines Landsitzes hin- und hergestoßen, einfach verlorengegangen ist – ihr doch egal, wohin.

Zöllner hat nicht nur einfach Bildungslücken: er ist eine. Hieronymus Bosch kennt er, wenn überhaupt, bloß dem Namen nach, dessen Höllenflügel im Garten der Lüste hat er nie gesehen – und wozu auch? Primitive Pensionszimmergemälde – Edelweiß, Kühe, ein liebevoll zerzauster Bauer, der stolz auf seine Sense blickt – gefallen ihm ohnehin besser: Zöllner bewundert das unverkünstelte, das noch nicht «entfremdete» Leben unter Leuten, die «der Natur» nahe und treu geblieben sind, den Tieren, Feldern und Bergen, und die *nicht denken, sondern leben* ... Mit solchen Glücksratgeberklischees, so man sie an der Seite des marxistischen Literaturtheoretikers Georg Lukács auf das Begriffschimärenpaar «vergrübelter Künstler» und «lebensfroher Bürger» bringt, kann man noch heute semesterlang Seminare an Universitäten bestreiten.

Wer für Kunst weder Sinn noch Gefühl besitzt, meinte Borges, unterrichtet sie; wer sie nicht unterrichten kann, der weide doch das Leben ihrer Urheber nach Herzensturbulenzen und erotischen Eskapaden aus. Was in *Unter der Sonne* der Universitätsbetrieb war, der knäckebrottrockene Forderungen an «die Literatur» austeilte, hat sich in *Ich und Kaminski* zu den Ungeheuern der ganzen «Kulturszene» ausgewachsen, die gleich einem Heer von Vampiren ihren jeweiligen Künstlerstar umlauern, und erst wenn sie sich an ihm sattgezehrt haben, fallen sie aus purer Lust an der Vernichtung mit dem Schlachtruf großer Namen und *Ismen* auch noch übereinander her – so wie Zöllner und jener Student, der sich auf die «Gegenwartskunst aus dem Alpenraum» spezialisiert hat und den «pompösen Blutkünstler» Hermann Nitsch unter dem Namen Wagreiner wie eine Waffe gezückt hält: «Da gebe es sehr spannende Tendenzen», doziert der Student, «etwa Gamraunig, dann natürlich Göschl und Wagreiner. Wen? Wagreiner, rief er, und sein Gesicht rötete sich. Den müsse man aber kennen!» Und *kennen* heißt in den Augen der hier maßgebenden Welt, *Namen nennen* zu können: Sei es die Universität, eine Theaterpause, Buchmesse, Vernissage oder das Feuilleton – sie alle scheinen von einer Art höherem Klatsch beherrscht zu sein, der für die Sache selber steht. «Kunst» ist nur ihr Anlaß, und in Kehlmanns bisherigem Werk hielt Hans Bahring, Kramers Konkurrent, den Posten dieses vampirischen Monstertyps besetzt, der Henri Bonvard beschattete und in die Ecke einer Gondel gletscherwärts trieb, bis er sein «offizieller Biograph» geworden war, während der eigentliche Bonvard-Kenner, der verschüchterte Kramer, weiter seine unbeantworteten Briefe an den *maestro* schrieb und für Stunden vor dem Hotel Ritz in London darauf wartete, daß Bonvard erscheinen und ihm eine Audienz gewähren möge. Wäre Kramer Bahring gewesen, hätte er sich in dessen Suite Einlaß verschafft, gleich wie Zöllner nach seinem Schlagabtausch mit dem Schaffner und dem Wechsel in einen anderen Zug «eine fette Dame» zur Seite drückt und sich so den letzten freien Fensterplatz sichert. Zöllner schiebt, stößt und tritt, was immer ihm den Weg zu versperren scheint, denn die Welt ist ihm etwas schuldig, sie weiß es nur noch nicht; und da sitzt er nun und macht sich im Vollbesitz seines Hochmuts daran, Bahrings Braque-Biographie hämisch niederzurezensieren und seinen Vorzugsrivalen in einem Sumpf von Phrasen zu ersäufen. Daß ihm dies weniger Spaß bereitet als erwartet, hat einen guten Grund: Blaß vor Neid, sieht er zu, wie sein knochiges Gegenüber im Waggon ausgerechnet ein Buch Bahrings liest, und einen Bahnhof später glotzen ihn Bahrings Werke zu Picasso und Rembrandt von einem Drehständer aus an, als wollten sie sagen: Und was machst du jetzt? Zöllner haßt Bahring; insgeheim aber hetzt er ihm gelehrig nach.

Auch Zöllner überfällt gern. Wie Bahring glaubt er, nur durch eine Art Geiselnahme des Künstlers an die «wirklich wichtigen» Informationen gelangen zu können: an Liebesbriefe, unveröffentlichte Notizen, das große Geständnis, unzensiert und unwiderruflich aus des Künstlers Munde auf Tonband gebannt. Und das Ziel von Zöllners gegenwärtiger Privatkriegsoperation und Intrige ist der Maler Manuel Kaminski, der mit seiner Tochter Miriam in einem Jugendstil-Chalet in den Schweizer Bergen geschlagen, herzkrank und erblindet dahinzuleben scheint. Einst war Kaminski eine internationale

Zelebrität, befreundet mit Picasso und Matisse, der ihm die erste Ausstellung seiner *Reflexionen* vermittelt hatte, jener Bilderserie aus einer Wildnis von Spiegeln, zu der ihn seine großen Liebe Therese Lessing inspiriert und die er binnen fünf Tagen entworfen hatte, nachdem er stundenlang in der sarggleichen Salzmine von Clairance wie verschollen gewesen war. Doch Therese, ihres Daseins als Marionette Kaminskis müde geworden, verließ ihn wie bald darauf auch seine Frau Adrienne Malle mit der soeben geborenen Miriam; Therese starb, Kaminski starb ihr innerlich ein wenig nach, und obwohl er mit seiner *Befragung des heiligen Thomas*, um den effektvoll beiläufigen Kommentar «painted by a blind man» ergänzt, ein Star der Szene geworden war, verschwand er plötzlich «ans Ende der Welt», verschollen wie in Clairance: nur scheinbar für immer diesmal. Kaminski kam in die Jahre – in jene, da der Tod an einen zu denken beginnt.

Nicht etwa, daß «der Alte» Zöllners erste Wahl gewesen wäre. «Zunächst hatte ich an eine Polemik gedacht, einen Angriff gegen einen bekannten Maler oder eine Richtung; mir hatte eine Vernichtung des Fotorealismus vorgeschwebt, dann eine Verteidigung des Fotorealismus, aber plötzlich war der Fotorealismus aus der Mode gekommen. Warum also keine Biographie? Ich hatte zwischen Balthus, Lucian Freud und Kaminski geschwankt, doch dann starb [im Februar 2001] der erste, und der zweite war Gerüchten zufolge schon im Gespräch mit Hans Bahring.» So knöpft sich Zöllner eben den dritten vor. Vorgeblich will er mit seiner Biographie Kaminski aus dem Schatten der Halbvergessenheit hieven; in Wahrheit aber möchte er nur sich selber – über pikante Details zu Kaminskis Liaison mit Therese und seiner glücklosen Ehe danach – zum offiziellen «Biographen und Freund» Kaminskis befördern, «ein bleibendes Quellenwerk» schaffen, «gelesen von den Studenten, von den Kunstgeschichten zitiert», und damit ins

Scheinwerferlicht der Talkshows treten, eine Position bei einem Kunstmagazin wie ArT erobern und sich in den Besitz Miriams, des Hauses und Erbes bringen. Es würde, vertraut Zöllner seinem Verleger Knut Megelbach an, nur noch eine Kleinigkeit zum Erfolg fehlen, wäre die Biographie vollendet: Kaminski müsse «natürlich sterben». Im Grunde ist Kaminski für Zöllner «schon tot», wie er es vor zehn Jahren bereits für den Chefredakteur von ArT, Eugen Manz, gewesen war, als Manz für die *Abendnachrichten* einen Kaminski-Nachruf auf Vorrat schrieb. Gleich nach Kaminskis Tod, dekretiert Zöllner, aber «nicht zu lange danach», erscheine das Buch, und dann fände er auch weidlich Zeit, «etwas Großes zu schreiben, [...] dick genug für die Romanregale in den Buchhandlungen» und mit einem Gemälde seines künftigen Schwiegervaters auf dem Cover – oder auch nicht. Wie populärwissenschaftlich beliebig, arrogant und unbelesen Hans Bahring auch immer mit seinen toten Größen verfährt: Zöllner will ihn übertreffen und ist auf dem besten Weg dahin. Einst lauerte er, wie Bahring seinem Bonvard, der Witwe des Künstlers Wernicke auf: Er werde über ihres Gatten «spektakulären Selbstmord» auch ohne ihren «Standpunkt» schreiben – spektakulär, versteht sich –, schon daß Wernicke überhaupt Selbstmord begangen hatte, sprach doch Bände gegen sie, und ihre Versuche, ihn, sogar mit Gewalt, vor die Tür zu setzen, waren – versteht sich – vergeblich. Einen Zöllner wird man nicht los – ebensowenig wie den Tod auf mittelalterlichen Gemälden, wenn er skelettös das Schlafzimmer eines Kranken betritt. Da allerdings niemand in der Kunstszene von *Ich und Kaminski* Wernicke kennt und jeder staunt, wann immer Zöllner mit seiner berühmten «Reportage über Wernicke» prahlt, könnte der auch erfunden sein: Von Zöllner läßt sich nur eines lernen – man glaube ihm kein einziges Wort. Ein jedes kann gegen ihn verwendet werden: Er ist sein eigener Widerruf. Er hält sich für souverän, schlau, weltgewandt und attraktiv – doch die Reaktion seiner Umgebung auf ihn verrät, daß es um ihn weitaus schlimmer bestellt ist als um seinen entfernten Verwandten Tom Ripley von Patricia Highsmith: Wie Ripley ist Zöllner eine Null und schleppt als seine Substanz das Nichts gleich einer tragbaren Hölle mit sich herum; doch Ripley ist wenig komisch, während alles in Gelächter ausbricht, kaum daß Zöllner den Raum verlassen hat. Zöllner nimmt sich sehr ernst, dürfte darin aber weltweit der einzige sein, und auch das macht den Humor von *Ich und Kaminski* aus: Zöllner zieht, ohne es zu bemerken, ein Kielwasser des Spotts hinter sich her.[36]

Vom Verleger Knut Megelbach an Manuel und Miriam Kaminski empfohlen, kommt Zöllner diesmal jedoch *nicht* unangekündigt – wenn auch typische zwei Tage zu früh, was nach Zöllners Einschätzung heißt, er habe «es früher geschafft». Die Kaminskis haben Besuch; als ihre Gäste erweisen sich der britische Krimiautor Robert Clure und seine Gattin. Und mit deren aus «clue» und «lure» zusammengesetztem Namen gibt Kehlmann den «Hinweis», den «clue», worin wir mit «lure», dem «Köder» seines Humors, hineingelockt worden sind: *Ich und Kaminski* hat das Genre des Thrillers zum heimlichen Rückgrat wie *Mahlers Zeit* das Paranoia-Szenario der Gnosis und *Der fernste Ort* die Jenseitsphantasien Emanuel Swedenborgs. Clures Romantitel, *The Forger's Fear*, «Des Fälschers Furcht», gleicht einem der Thrillertitel Highsmiths, dem *Zittern des Fälschers*, und so wie im *Talentierten Mr. Ripley* Ripley Dickie Greenleaf erschlägt, um in dessen Rolle schlüpfen zu können und sich den «schönen Schatten» seiner *Villa Belle Ombre* zu finanzieren, plant Zöllner, an Miriams Seite Kaminskis Platz einzunehmen: «Miriam war ungefähr fünfzehn Jahre älter als ich, aber damit konnte ich leben, sie sah noch gut aus. Er würde nicht mehr lange da sein, uns blieben das Haus, sein Geld, sicher auch einige Bilder. Ich würde hier

wohnen, den Nachlaß verwalten, vielleicht ein Museum ein-
richten» – das zugleich auch ein Museum Zöllnerscher Fin-
digkeit wäre.

Damit steht er in der Literatur nicht allein. Sich selbst ein
Denkmal errichten will auch der Literaturexperte in den *Aspern-
Schriften* von Henry James, dem zentralen Vorbild Kehlmanns
für *Ich und Kaminski*, in dem jener Experte, ein «Ungeheuer der
Zudringlichkeit», sich den unnahbaren Damen Juliana und
Tina Bordereau in einem venezianischen Palazzo als Unter-
mieter aufzwingt, um ein Bündel von Briefen seines byrones-
ken Dichtergottes Jeffrey Aspern zu ergattern, das ein hoher alter Sekretär mit Messingbeschlägen im Empirestil zu bergen
scheint: «Es gibt keine Niederträchtigkeit», gesteht er seiner
Intrigenhelferin Mrs. Prest, «die ich nicht um Jeffrey Asperns
willen begehen würde». Niederträchtiger noch als dieser
Jamessche Trophäenjäger, wird Zöllner später die Haushälterin bestechen, um mit Kaminski allein sein zu können, wird
dessen Schränke durchwühlen und in den Belegen für ein Ge-
heimkonto kramen – «notfalls als Druckmittel [zu] verwen-
den» –, wird Miriams Seidenunterwäsche durch seine Finger gleiten lassen, ins Kelleratelier hinabsteigen wie in die
Salzmine von Clairance, dort die letzten, unvollendeten Selbstporträts Kaminskis fotografieren und, als Kaminski ihm zu
verstehen gibt, er wisse, daß er im Keller war, mit einer Überraschung kontern: Therese sei gar nicht tot. «Nun hatte ich ihn
in der Hand. Damit hatte er nicht gerechnet; auch er hatte
Sebastian Zöllner unterschätzt!»

. Er solle ihm doch den Plot seines Romans *The Forger's Fear*
verraten, bittet Kaminski seinen Gast Robert Clure anfangs
beim Abendessen, zu dem sich Zöllner, kaum anders zu erwarten, selbst eingeladen hat. «A man», setzt Clure an, «happens
to find out, by mere chance, that a woman who left him a long
time ago ...», ein Mann fände durch bloßen Zufall heraus, daß

eine Frau, die ihn vor langer Zeit verließ – ja, und jetzt?, wie weiter? Zöllner hat Clure mit einer seiner belanglosen Alltagsanekdoten unterbrochen, und doch ist Clures *clue* auch Kern- und Ausgangspunkt von Zöllners Intrige, da er über Interviews mit ehemaligen Weggefährten Kaminskis erfahren hat, daß Therese Lessing «an der Küste im Norden» Deutschlands noch «am Leben» ist und – lügt Zöllner – auf ihn warte. Die Begegnung Kaminskis mit seiner Jugendliebe wird der Biographie eine saftigen Anfang – oder Schluß – bescheren und dem Vorhaben, Kaminski gerade rechtzeitig beerdigen zu können, nicht abträglich sein: Sind weite Reisen für alte Leute nicht lebensgefährlich strapaziös?

Wenn *Ich und Kaminski* ein genrepaßgenauer Thriller wäre, würde Zöllner seinen «Impuls», auf der Fahrt in den Norden Kaminski aus dem Zug zu stoßen, nicht unterdrücken; doch in der Thrillerkomödie, die der Roman tatsächlich ist, hat im Grunde nicht Zöllner Kaminski, sondern Kaminski Zöllner «in der Hand» und dazu gebracht, die Reise zu Therese Lessing zu unternehmen: Nicht er führt den Blinden; der Blinde führt ihn – und in illustre Gesellschaft noch dazu. Wie von Kaminski und aus einem anderen Roman herbeigerufen, taucht ein etwas unheimlicher Autostopper namens Karl Ludwig auf, mit dem Kaminski zum ersten Mal wirklich über Kunst sprechen kann, im Hotel erzählt Kaminski Details aus seinem Leben lieber einer Prostituierten als Zöllner, und als der ihn auf eine Vernissage in Frankfurt zerrt, um sich mit Kaminskis Anwesenheit unter «wichtigen Leuten» wichtig zu machen, fällt Kaminski mit nur einer Sentenz das Todesurteil über die gesamte Kulturszene, die ihn einst hochjubelte, dann fallen und vernichtet hinter sich ließ.

Als Daniel Kehlmann in seiner Eröffnungsrede zu den Salzburger Festspielen im Sommer 2009 eine ästhetische Position attackierte, die den Regisseur eines Stücks als den eigentlichen

Künstler über dem Autor thronen ließ, konterte der Theatermacher Nicolas Stemann, Kehlmann solle sich doch einmal «Produktionen wie meine Inszenierung von Elfriede Jelinek» zu Gemüte führen, um zu erkennen, welche «Vielzahl fruchtbarer Allianzen» es gäbe «zwischen Regisseuren und Autoren» wie die «zwischen Elfriede Jelinek und mir», und das las sich, als stellte Stemann die Frankfurter Vernissageszene in *Ich und Kaminski* nach. Er schreibe Kaminskis Lebensgeschichte, «[e]r ist mit mir hier!», ruft Zöllner in die Runde all dieser «wichtigen Leute» – Maler Alonzo Quilling (zweitklassig und erfolgreich), August Walrat (erstklassig und erfolglos), Kunstprofessor Zabl, Galerist Hochgart, Journalist Manz, Fernsehredakteurin Verena Mangold –, die Kaminski umlagern, und «deshalb sind wir hier. Er und ich. Wir». Zum letzten Mal muß Kaminski am eigenen Leib erfahren, wie sich der wechselseitige Haß der Kulturfunktionäre zu einer Art Gemeinschaftsgefühl gesteigert hat, auch nicht zu mildern durch den großzügigen Ausschank von Alkohol, und daß er unter Spiegelmenschen sitzt, die über die «Wichtigkeit» von Marcel Duchamp, David Hockney, Lucian Freud verzückt wie in einen Spiegel hinein reden und reden und reden, bis kaum ein Wort mehr bleibt, von dem man nicht krank werden könnte: Welchen Namen sie auch nennen, sie meinen immer sich selbst. «Ist Duchamp auch hier?» erkundigt sich Verena Mangold, dieses Repräsentativexemplar kümmerlichster Ignoranz – Duchamp starb 1968 –, und gegen all dieses Geschwätz stellt Kaminski, klein und unförmig auf seinen Stock gestützt, den einen Satz: Wichtigkeit sei nicht wichtig, nur Malen sei wichtig. Und das Spinnennetz vibriert.

Denn diese Maxime spricht ein noch größerer Scharlatan aus, als die versammelten Vernissagegestalten samt Zöllner es selber je sein könnten, und das ist die maliziös gespenstische Pointe dieser Betriebskarikatur: Jenes Duell zwischen Kritik und Kunst, das Kehlmann mit dem Nervengefecht Kramers gegen Bonvard in *Unter der Sonne* erstmals in Szene gesetzt hat, ist auch in *Ich und Kaminski* von Anbeginn zugunsten Kaminskis entschieden. Schon als Zöllner bei seiner Hausdurchsuchung zuletzt ins Gästezimmer gelangt war, wo die Kaminskis ihn nicht hatten wohnen lassen, bemerkte er dort eine Spinne, die «ihr über der Fensterkante gespanntes Netz zittern» ließ: Kaminski, der wußte, was ihm mit Zöllner ins Chalet gestürmt war, und der einem seiner Seidenfäden nur einen leichten Ruck gegeben hat. Zöllner, der den Bleistift mit aufgebrauchtem Radiergummi auf dem Schreibtisch des Gästezimmers findet, dreht diesen nur kurz zwischen den Fingern und geht dann hinaus: Er wird die Biographie niemals schreiben. So verwundert es nicht, daß Zöllner am Vormittag nach der Vernissage aus seinem alkoholvergifteten Schlaf scheinbar erwacht, nur um jedes Erwachen als Traum und diesen wieder als Traum in einem weiteren Traum zu erleben. «Können Sie sich vorstellen», fragt Kaminski Zöllners ehemalige Freundin Elke indessen, «daß ich jede Nacht vom Malen träume?», und so dämmert Zöllner bis zum späten Morgen in Kaminskis Malerträumen und *Reflexionen* eingesperrt dahin: sein Opfer geworden, sein Blinden- und, in Goethes Worten über Wilhelm Meister, «ein armer Hund».

Ein armer Hund, den es auch wirklich gibt: Für *Balthus: A Biography* gewährte der mehr als achtzigjährige Maler Graf Balthazar Klossowksi de Rola alias Balthus dem Kunstexperten Nicholas Fox Weber Ende des vergangenen Jahrhunderts mehrere Audienzen in seinem Chalet in der französischen Schweiz, dinierte mit ihm und einem britischen Ehepaar (statt Clure hieß es Devenish), enthüllte vor ihm gar seine unvollendeten Gemälde, und Fox Weber empfand sich sogleich als «Seelenverwandter» (und Balthus angeblich als «Seelenverwandter» Fox Webers), «gemeinsam würden wir» – begeisterte sich Fox Weber im Zöllner-Ton – «Irrtümer berichtigen und Geschichte bewahren»; Balthus aber erkannte auf Anhieb, daß es Fox Weber nur darum zu tun war, seine Gemälde voll junger Mädchen der Freudschen Sexualmythologie, «diesem Fluch modernen Denkens», zu unterwerfen: «Wissen Sie», winkte Balthus Fox Webers Vorhaben zigarettenrauchschnaubend weg, «Biographien dieser Art lenken nur ab vom Eigentlichen» – er male, nur um zu malen, der Sinn eines Bildes sei das Bild selbst, das Problem der Komposition das einzige, was für ihn je von Belang gewesen sei; Fox Weber schwieg verdrossen und wurde Balthus lästig – was Fox Weber auch dann noch nicht merkte, als er seine Biographie tatsächlich schrieb und darin umgekehrt bekundete, wie unerträglich ihm Balthus doch schon von Anbeginn gewesen sei, dieser «Sadist, Tyrann, Graf Dracula, als Lügner so talentiert wie als Maler»: War eines der Balthusschen Vorbilder nicht jener Lord Byron, der aus Venedig verleumderische Nachrichten über sich selbst in Umlauf gebracht hatte? Wie oft hatte Fox Weber die Einladungen ins Schweizer Chalet und das «fast unwiderstehliche Freundschaftsversprechen ausschlagen müssen, das Balthus mir antrug», um sich «wie eine betrogene Gattin» von ihm befreien und so nun endlich dessen Biographie schreiben zu können ... Selbst von den lolitapuppengleichen Wesen des Meisters «verzaubert», bezichtigte er Balthus pädophiler Neigungen und wurde unwissentlich Opfer der eigenen Obsession, Kunst in eine Nervenheilanstalt einweisen zu wollen, als er ihn auf einer Vernissage im Beisein seiner zwei Töchter wiedertraf und glaubte, um die Kleinen fürchten zu müssen: wie herzlich – allzu herzlich – «der Alte» seine beiden Mädchen doch begrüßte. Und Balthus behielt recht: Kunst spiegelte weder Leben noch Wirklichkeit, sondern, je brillanter, phantastischer, effektbewußter und verantwortungsloser sie war, lediglich ihren Betrachter wider; und aus der Biographie wurde ein Buch über Fox Weber, ein *Ich und Balthus*. Wie Balthus von Oscar Wilde her ja auch wußte: Man kann in der Auswahl seiner Feinde nicht vorsichtig genug sein.[37]

Luzifer und Clown

Jeder kennt ihn, aus der Schule, von der Universität – den Sonderling, äußerlich wenig gewinnend, allseits gemieden, offiziell belächelt, insgeheim aber mit fast ängstlicher Ehrfurcht beäugt, da dieser Freak, eingesponnen in seine Außenseiterexistenz, etwas zu wissen scheint, was dem dank Durchschnittlichkeit beliebteren Rest verborgen bleibt. Als Kehlmann in den neunziger Jahren in Wien studierte, gab es am Institut für Philosophie einen Kommilitonen, der dünn und mit dunkelgetönter Hornbrille, fettigen Haaren, schmalem Blick und vorstehenden Zähnen in seinen Schrullen verloren durch die marmorkühlen Gänge der Universität stapfte. Gemeinsam mit dem als ein «Ludewig», Zuhälter, kostümierten Teufel in Thomas Manns *Doktor Faustus* und dem wunderlich allwissenden Silbermann in Nabokovs *Wahrem Leben des Sebastian Knight* ist aus diesem Wiener Fakultätsfaktotum Karl Ludwig geworden, jener Anhalter in *Ich und Kaminski*, der die kompositorische Funktion erfüllt, dem literatur- und kunstvertrauten Leser Manuel Kaminski als das zu enthüllen, was er in Wahrheit ist, noch ehe Zöllner das große Intrigentheater durchschaut, das Kaminski um ihn herum inszeniert.

Im Auto unterwegs zu Therese Lessing, ist Zöllner nur kurz in einer Raststätte Croissants und Kaffee holen gegangen und balanciert sie nun zum Wagen zurück: «Die hintere Tür stand offen, ein Mann saß auf der Rückbank und sprach auf Kaminski ein.» Als kennten sie sich. Was die beiden wohl miteinander zu besprechen haben?

Nicht von ungefähr zitiert Karl Ludwig sogleich den Trauergesang auf Lord Byron aus dem zweiten Teil des *Faust*: In Byrons *Cain* regieren Markions Demiurg Jahwe und Luzifer zusammen die Welt, und auch in Thomas Manns *Vorspiel in oberen Rängen* in *Joseph und seine Brüder* machen Gott und der Teufel – hinter den eifersuchtsgebeugten Rücken der Erzengel – alles dem Menschen Verhängnishafte untereinander aus. Im einzigen ernsthaften Kunstgespräch des Romans will Karl Ludwig in dem Mann, der im Höllenflügel von Boschs *Garten der Lüste* aus einem Baum herauswächst, den Teufel erkannt haben, wie er inmitten all der Folterqualen genugtuerisch lächelt. Das sei nicht Luzifer, entgegnet ihm Kaminski, sondern ein Selbstporträt Boschs. Ob dies denn ein Widerspruch sei, fragt Karl Ludwig zurück, und Kaminski, dieser Demiurg in Kleinformat, der über alle lächelnd triumphiert, ist von dieser Deutung natürlich begeistert. «[H]alb verrückt vor Ehrgeiz und Gier», hatte er sich einst Matisse aufgedrängt wie Zöllner der Witwe Wernikkes und nun ihm selbst. Sein Ruhm ruhte darauf, daß ein Galerist neben seine *Befragung des heiligen Thomas* ein «painted by a blind man» setzte, als Kaminski längst noch nicht so blind war, wie er jetzt im Alter gern glauben macht: In direkter Nachfolge Pater Fassbinders aus *Beerholms Vorstellung* kann er in Therese Lessings Flur von fern das Gemälde eines Sonnenaufgangs erkennen, und seine «undurchsichtige schwarze Brille» dient ihm auch, wie der «raffinierten alten Hexe» Juliana Bordereau in den *Aspern-Schriften* ihr grüner Augenschirm, als Maskierung. Längst hat er alles biographiewirksam Wesentliche vorsorglich Zöllners schurkischem Konkurrenten Hans Bahring anvertraut, einem – meint Kaminski – «sehr gebildeten» und «freundlichen jungen Mann». Der zöllnernde Erzähler der *Aspern-Schriften* glaubte, er zöge die Damen Bordereau an unsichtbaren Fäden und legte Fallen für sie aus – doch als er nach Julianas Tod den Preis, Tina zu heiraten, um an Asperns Briefe heranzukommen, zu zahlen nicht gewillt ist, verbrennt Tina sie mit sanfter Kälte Stück für Stück, und Miriam hat auf Kaminskis Bitte hin alle seine Briefe an Therese Lessing zerrissen, damit sie einem Zöllner nicht in die Hände fallen konnten: «Wir wußten immer, daß jemand wie Sie kommen würde.»

Spätestens als man seine Augenerkrankung zu Werbezwecken mißbrauchte, hatte Kaminski den Betrieb «Kultur» als einen kunstverschwätzenden Betrug durchschaut und seine Einsicht in den Kernspruch gefaßt, die Welt wolle eben getäuscht und betrogen werden, *mundus vult decipi* – und, dachte er, so sei es denn. Karl Ludwig sagt, stellvertretend für ihn, der Großteil des Lebens bestünde ohnehin nur aus «Falschheit und Verschwendung», und Kaminski selbst fügt hinzu, es sei bloße «Illusion» und Beerholmsche «Traumwelt», die mit der eigenen körperlichen Hinfälligkeit, mit Alter und Tod ihr elendes Ende finde. In dieser düsteren Tiefe ist der Wert der Dinge mehr als relativ, und so könnte sich auch, nach Roberto Bolaños Formel «Literatur + Krankheit = Krankheit», die ganze Kunst als ein schlechter, lächerlich peripherer Witz erweisen, der nicht hilft, wenn es ans Leiden und ans Sterben geht. Sie läßt uns in dem Augenblick im Stich, klagt Reger in Thomas Bernhards *Alten Meistern*, da wir sie am notwendigsten bräuchten, und ist «uns aufeinmal nur ekelhaft und fremd». Daß es vielleicht keine Kunst für die Stunden existentieller Verzweiflung gibt und sie schon immer eine notorisch treulose Gefährtin war: auch dies ist «des Fälschers Furcht».

Wie sein Vorläufer Arthur Beerholm hat Manuel Kaminski die Buchstabenzahl seines Namens mit Daniel Kehlmann gemeinsam, und wie Bonvard ist Kaminski ein Selbstporträt des jungen Künstlers Kehlmann als alter Mann und *Ich und Kaminski* ein Frühentwicklungsroman seines Autors. Gleich einem Philip Roth sucht er wenigstens auf dem Papier das stets widrige Leben zu beherrschen, das er jenseits seiner Rollen und

Phantasmen nie ganz unter Kontrolle bringen kann. Selbst mit seinen «fünfzig Jahren auf dem Buckel» wisse er noch immer nicht, schmunzelte Gabriel García Márquez einmal, wer er sei und «was zum Teufel» er hier tue. Als Herta Müller 2009 den Nobelpreis zugesprochen bekam, war ihre erste Reaktion: «Eigentlich bin nicht ich es, die ausgezeichnet wird, es sind meine Bücher, und die sind fertig und sind nicht ich.» Keiner von uns weiß, wer er im tiefsten Innern ist – und der Künstler kultiviert diese Mißlichkeit. Das einzig Sichere, was wir von Bob Dylan wissen, ist, daß sein Name nicht Bob Dylan ist, der immerfort «eine weitere Hautschicht abstreift, um dem Verfolger in sich selber einen Schritt voraus zu sein», sich auf eine *Never Ending Tour* und in immer neue Namen flüchtet, so wenn er seine späten Alben als «Jack Frost» produziert. Und Philip Roth besitzt ein Ich nur in Peter Tarnopol, David Kepesh oder Nathan Zukkerman, den er in *Exit Ghost* an seiner Statt sterben läßt. Aus seiner Deckung treten kann er nicht: es gibt nur sie. Demiurg, Luzifer und Clown in Personalunion, weiß dieser *shapeshifter* von seinem Ich also jenseits seiner Betrugsszenarien nichts: Er erspielt es sich ein ums andere Mal – «Unsere tägliche Maske gib uns heute», betet Tom Stoppards Guildenstern – und ist, ans Ende seines Daseins gelangt, wie die Familie Napoléon Bonapartes bei Henry James ein Ensemble von «Gaunern, Gauklern, Trickbetrügern», ein «*song and dance man*», bis er auf offener Bühne zusammenbricht, eine Gemäldegalerie auf zwei Beinen und ein wandelnder Text, der, wenn er nicht malt, wenn er nicht schreibt, wenigstens vom Malen und Schreiben träumt, und sein charismatisches Unwesen über alle Menschen verhängt, die ihm zu nahe gekommen sind. Da er dafür lebt, dich glauben zu machen, was er dich glauben machen will, lebt es sich schlecht mit ihm. Darum hat Therese Lessing ihren Kaminski gerade noch rechtzeitig verlassen, erkennt Therese ihren «Miguel» kaum, als sie ihn vor sich hat, darum hielt Adrienne Malle es in der Halbwirklichkeit ihres Gespensterdaseins an seiner Seite nicht lange aus; und darum auch mißrieten Kaminski die Selbstporträts, die er nicht vorm Spiegel, sondern aus der immer falschen Vorstellung heraus malen wollte, die er jeweils von sich besaß, um wenigstens im Alter zu seinem eigentlichen Ich vorzudringen. Nicht einmal Michelangelo, so heißt es bei Dylan über den «Jokerman», der auch Dylan selber ist, hätte die eigenen Gesichtszüge zu gestalten vermocht – erstaunlich, wenn man bedenkt, daß Michelangelo sogar das Angesicht Gottes, von der Sixtinischen Kapelle aus gesehen, nicht verborgen blieb. So geht Kaminski an der Nordsee zuletzt in seinem eigenen Gemälde auf, dem *Fahlen Tod am Meer*; Zöllner bleiben lediglich die Fotografien jener Selbstporträts und die Leere seines eigenen Ichs: Endlich von allem parasitären Gebrabbel befreit, fühlt er sich leicht. «Viel Glück, Sebastian», wünscht ihm Kaminski, «[u]nd jedem auf der Welt», und wird nun endlich, nach den Worten Baudelaires, im Vergessen schlafen können wie ein Hai im Meer. Kehlmann macht sich unterdessen auf ins weiche Licht des Südens, zur *Vermessung der Welt*.[38]

VI DAS SCHWEIGEN GOTTES UM 1828

Die Vermessung der Welt

Das Geheimnis der Luft

Kein anderes Werk Daniel Kehlmanns ist schon zu Beginn derart von einer heiteren Tröstlichkeit belebt wie *Die Vermessung der Welt*. Sie erzählt eine Geschichte, die man gerade auch dann lesen muß, wenn man sich einsam fühlt und geschlagen, in einer schlaflosen, verregneten Nacht; wenn man sich in einer Lage befindet, der man weder Würde noch Humor entgegenzusetzen weiß; wenn man eine Generalprobe des Todes hinter sich hat, wund ist vom Bewußtsein der eigenen Vergänglichkeit und sich sagt, dies hier könne doch bitte nicht alles gewesen sein, und die Verpflichtung zusehends unerträglicher findet, dem Dasein einen Sinn zu verpassen; oder einfach nur wenn man auf Reisen ist im Zug oder Flugzeug, sei es so unwillig wie Professor Carl Friedrich Gauß oder so aufbruchsfroh wie sein Sohn Eugen und jener Baron Alexander von Humboldt, der immer eins werden wollte mit der Weite und in Landschaften zu verschwinden suchte wie Robert Louis Stevenson in seiner Schatzinsel aus Kreide, Nabokov in den Bilderrahmen überm Bett seiner Kindheit, Kehlmann selber einst im Universum Nabokovs und sein Julian in der Karte vom Königreich im Meer.

Das Motto für *Die Vermessung der Welt* könnte – in Korrektur der Höllentorinschrift Dantes – lauten, daß wer hier eintritt, jede Hoffnungslosigkeit hinter sich lassen kann. Der Roman beantwortet die Frage, wie man komisch von todernsten Dingen zu handeln vermag und gerade deshalb nicht verzweifelt. Fiktiv – natürlich nur fiktiv – löst er das Problem des Sterbenmüssens, als wär's gar keins, und den Leser ergreift das Gefühl einer geradezu amüsanten Transparenz der Welt: Nichts wird vergessen, doch alles vergeben, alles ist gut aufgehoben und an seinem rechten Ort – sogar unsere verlorenen Toten, über die keiner mehr spricht. Kehlmann hat die *Vermessung* am Meer geschrieben bei offenem Fenster und ihr sein Licht mitgegeben, jenes silbrige Blau, das die bald dürren, bald monströsen Kümmernisse des Alltags aus dem Gedächtnis scheucht und an deren Stelle das Vorgefühl eines glückenden Daseins setzt und die Freude, überhaupt am Leben zu sein. «Schreiben», sagt er, «gelingt besser am Meer; alles gelingt besser am Meer». Es schärfte ihm den Sinn dafür, daß es an der Welt mehr zu bewundern als zu verachten gibt, und die in seiner Komödie der Selbstverkennung, *Ich und Kaminski*, herausgebildete Neigung, die Welt mit der bestürzten Fröhlichkeit eines Karikaturisten zu betrachten. Oft in sich hineingelacht hat er dabei wie Thomas Mann während der Niederschrift seines *Felix Krull*.

Die *Vermessung der Welt*, heißt es, handle parabolisch vom unheilvoll Deutschen, dem «späteren faschistischen Höllencocktail», von Größe und Elend deutscher Kultur insgesamt und an sich, von kolonialer Niedertracht, der ehemals noch so unverbrauchten Demokratiehoffnung namens Amerika, von Genialität und Lebensuntauglichkeit, Herrschaftswissen, Unterwerfung der Natur und Triebverzicht, Aufklärung und Aberglaube, Entzauberung des Kosmos, von der Hybris, der Vermessenheit der Naturwissenschaften und wie wir durch sie – und namentlich eben durch Humboldt und Gauß – Wirklichkeit gewannen, doch unsere schönsten Träume verschlissen und verloren. Unterseeisch aber verfolgt der Roman ganz andere Wege, als diese Abstraktionen kundtun können, in die man ihn nachträglich zwängt, und verspricht eine im Wortsinn spannendere Geschichte.

Die Vermessung der Welt ist ein Buch der Wunder und der Geister und erzählt, *wie wir uns selber glauben machen wollten, wir glaubten nicht mehr an sie* – wie wir mit dem Gewinn an quantifizierter Wirklichkeit unsere Träume beibehielten und vertieften und, allesamt heimliche Spiritisten, vor den Gittertoren der verborgenen Gärten stehen und Einlaß fordern. Und diesen Einlaß gewährt eine sehr urwüchsige Art von Luftgeist uns an der Seite von Gauß denn auch plötzlich, in einem entscheidenden, geheimen Augenblick des Romans. In ihm liegt der Urgrund seines Erfolgs – auch wenn der Leser diesen Moment vielleicht gar nicht bewußt zur Kenntnis nimmt.

Stellen wir uns vor, die Toten, «*the Others*», die «Anderen», wie Henry James sie nennt, nähmen mit stummer Verwunderung teil an unseren Schicksalen und stiegen, wie eine schottische Ostküstenlegende es will, zu Halloween unsichtbar aus dem nächtlichen Meer und machten sich durch Regen und Wind auf ihre robbenäugige Suche nach den Orten, an denen sie heimisch waren zeit ihres Lebens, auch um ihr ehemaliges Ich wieder zu fühlen, und wir hielten in jener Nacht im Schlaf etwas Zerbrechliches und so leicht zu Verlierendes fest in unserer Hand: das Versprechen von einem Zuhause fernab, an das wir uns erinnern wollen, wenn wir erwachen. «Schön wär's», wird man sagen; in Schottland – mit seinen *ghost tours* durch Edinburgh und dem Schriftsteller und Phantasten John Burnside, der an Halloween still für sich die Nacht durchwacht in Erwartung der geliebten Toten – mögen Geister ja einer patriotischen Zwangsvorstellung gleichkommen wie in der okkulten Hitze der Karibik und im Phantasiehaushalt eines Gabriel García Márquez, dessen Literatur ohnehin – «fauler Zauber» – am «Gemütszustand der Unterentwicklung» leide und daher reichlich Schlupfwinkel biete für Abergauben und Weltflüchtigkeit. Die Existenz von Geistern aber war über Jahrhunderte eine Gewißheit der gesamten westlichen Welt, ähnlich wie für Humboldt «Miasmen» die Luft durchschwirrten und uns mit Krankheiten versorgten; ihre Existenz ist uns heute, so denken wir hochentwickelt, mit der Verwissenschaftlichung unseres Weltbildes abhanden gekommen. Nun sind wir bewiesenermaßen eine vergängliche Lebensform auf einem sterbenden Stern: zerfallende Materie unter der Diktatur der Entropie. Gut sieht es nicht gerade aus für uns; man sollte nach Richard Dawkins fromm darwinistisch schon froh darüber sein, bei der DNA-Geburtslotterie nicht den kürzeren gezogen zu haben und überhaupt geboren worden zu sein statt all der Genies – ein weiterer Humboldt und noch ein Gauß –, die nie das Licht der Welt erblickten: Wer wollte es da wagen, die Auslöschung seines genialitätsfreien Bewußtseins als bejammernswerte Demütigung zu empfinden?

Nicht mehr imstande, rational an Gott zu glauben, verurteilten wir den Höchsten aller Geister zum Schweigen: Als freundliche, doch unmögliche Illusion entlarvt, die den Forscherblick auf die Natur nur verstellt und unseren Fortschritt behindert hat, verflüchtigte Gott sich in dünne Luft wie einer der Geister Prosperos bei Shakespeare. Seither ist er die Abwesenheit in Person, und Kurt Gödels Ansinnen, ihn durch Quantorenlogik *a priori* zu beweisen, gilt als realitätsfeige, bestenfalls drollige Ehrlosigkeit. «Christus, unser Christus», rief Miguel de Unamuno in philosophischer Agonie, «warum hast du uns verlassen?» Das Meer des Glaubens ist zurückgewichen, und so erfahren wir auch die Existenz der Geister nicht mehr. Aber – würde Kehlmanns Gauß mürrisch dagegenhalten – ebensowenig erfahren wir den molekularen Aufbau der Welt und würden dennoch nicht an ihm zweifeln: Als reine Mutmaßungen, wenn auch wohlkalkuliert, wirkten die Gesetze der Physik «bloß statistisch» und erlaubten mithin Ausnahmen, etwa «Gespenster oder die Übertragung der Gedanken», doziert er im September 1828 in Gegenwart seines erstaunten Jüngsten, Eugen, auf dem Weg zum Naturforscherkongreß in Berlin. Ob das ein Scherz sei? «Das wisse er selbst nicht, sagte Gauß, schloß die Augen und fiel in tiefen Schlaf.»

Noch weiß er es nicht. Doch nachdem sich Humboldt und Gauß über Weite und Grenzen der Wissenschaft fast in die Haare geraten sind, muß Humboldt bei einer Hinterzimmerséance erkennen, daß die Begegnung mit dem Geist der Mutter in der Höhle des Guacharo in Neuandalusien drei Jahrzehnte zuvor nicht die Sinnestäuschung gewesen war, als die er sie vor sich selber kleintun wollte; und Gauß findet die Séance «doch eigentlich ganz lustig». Wir Leser sind in ein Zeitalter hineingeraten, worin der Glaube an Geister, Zweite Gesichter und magnetische Seelenbindungen, worin die Gespensterliteratur und Gespensterfotografie in dem Maße florierten, in dem die rationale Weltsicht um sich griff mit ihren Induktionsgeräten, elektrischen Dauerströmen, mit chemischer Bildfixierung und Daguerreotypien: Seltsam «leicht» fühlen sich die beiden Herren auf ihrem Spaziergang durch die Straßen Berlins, nachdem sie die Séance hinter sich gelassen haben; Humboldt entschließt sich zu seiner letzten Reise hinaus in die Weite Asiens, und durch einen ähnlich gespensterhaften Stupser inspiriert die spiritistische Sitzung Gauß zu seinem Telegraphen und zu telepathischen Geistergesprächen, die ihm zuletzt Einsicht ins Jenseits erlauben und in die lebenslang ersehnte Zukunft. Der molekulare Aufbau der Welt und das Drängen danach, daß unser Leben weiter reichen möge als dieses hier, kommen nicht nur bestens miteinander aus: sie bedingen sich wechselseitig. Da die Verwissenschaftlichung stets auch von einem Zauberwillen getragen war und es in ihr meist so zuging wie in einem Märchen, führte sie immer Verzauberungen im Handgepäck mit. Nicht aus Zufall kommt sich Gauß in seiner Sternwarte zu Göttingen nur ein Jahr später wie ein Magier vor aus dunkler Zeit: Träumt die Wissenschaft, dann bringt sie Gespenster hervor.[39]

Oder ist wissenschaftlicher und technischer Fortschritt doch nichts weiter als ein Niedergang des Glaubens, Substraktion, Verminderung, Verlust, die hier beklemmende, dort erleichternde Geste, Gott wie einen alträudigen Handschuh abzustreifen? Erleidet, wer das Gegenteil wähnt, einen nostalgischen Rückfall ins Wechselfieber der europäischen Kindheit namens Mittelalter? Oder ist umgekehrt gerade dieser Glaube an Niedergang, Substraktion, Verminderung, Verlust, was Gabriel García Márquez «obskurantistischen Rationalismus» nennt? Hatte Gauß seinen Telegraphen auch nicht weiterentwickelt, so gelang dem britischen Physiker Michael Faraday 1831 der Nachweis elektromagnetischer Induktion: Elektrische Ströme, Spannungen und Gegenspannungen ließen sich zwischen Magnetfeldern erzeugen, und die Swedenborgianer – freimaurerisch heimliche wie Kant oder unverhohlene wie Schopenhauer und der Vater von Henry James – brachen, statt über solch poesielose Technelei die Nase zu rümpfen, in Begeisterungsstürme aus. Feinster Äther schien den ganzen Kosmos zu erfüllen, durch den die ominösen Mächte des Magnetismus luftgeistgleich agierten, und diese Mächte entluden sich auch in Vorlieben, ja Zwängen der Leidenschaft – «zwischen uns stimmt die Chemie», sagt man, «geknistert hat es zwischen uns» und «Gegensätze ziehen sich an». Mochten diese Mächte nicht Verwendung finden, sogar um mit der Geisterwelt in beredten Kontakt zu treten?

Was für Wunder hatte die neue Naturlehre nicht ans Licht gebracht. Dort draußen breitete sich eine Sphäre aus, die unsichtbar, magisch, unheimlich auf jeden einzelnen wirkte – und schon Goethe hatte in den *Wahlverwandtschaften* so tragisch tödlichen Gebrauch davon gemacht, daß unter den Zeitgenossen von den «tückisch schaurigen *Qualverwandtschaften*» die Rede war: Da hätten sich der Witwer Eduard und die Witwe Charlotte nun endlich in ihrer von Jugend an nicht versiegenden Liebe wie in ihren noch unvermessenen Parkanlagen ergehen können, als sich Eduard von einer Ottilie, diese Ottilie wieder von Eduard bis zu jener magnetischen Schließung hin angezogen fühlt, die landläufig «Ehebruch» heißt, «es dämmerte schon und duftete feucht um den See», und Ottilie, auf einem Kahn unterwegs wie ein Séancenmedium unter Trance, erfüllt «verwirrt und bewegt» Eduards Wunsch, das ihrem Glück hinderliche Kind zu töten, läßt es wie ferngelenkt fallen, hungert sich vor Reue zu Tode, Eduard stirbt ihr nach, und im Jenseits finden sie einander wunderbar wieder vereint.[40]

Humboldt trinkt zuviel Wein und rettet damit den Abend bei Präsident Jefferson

Der zumindest auf dem Papier recht mörderische Verfasser dieser *Wahlverwandtschaften* aber ist um den elften September 1828 herum so nervös wie schon lange nicht mehr. Eben ist ihm sein Großherzog Carl August weggestorben: Überlebenden wie ihm bleibe nun wohl weiter nichts, als sich gerade zu halten, läßt Goethe seinen Sekretär Eckermann kopfhängerisch wissen, so gut und so lange es eben noch gehen wolle. Und damit nicht genug: Jetzt droht auch noch dieser «Deutsche Naturforscherkongreß» am achtzehnten in Berlin mit der Huldigung seiner Person zu beginnen. Goethe verstimmt es in jenen Tagen, daß so «viele bedeutende Männer» auf ihrem Weg zum Kongreß bei ihm in Weimar vorbeischauen und seinen Champagner leeren wollen «zu schicklicher Stunde» (so nennen *sie* es) und ihn damit nur aus dem Konzept seines *Wilhelm*

Meister, Band zwei, bringen werden. Und sie kommen, sie kommen; Goethe beherrscht sich; sicher ist er nur vor Kehlmanns Professor Gauß.

Der käme auch auf eine noch so herzliche Einladung Goethes hin nicht nach Weimar: Wären ihm jene *Wahlverwandtschaften* unter die Augen geraten, würde er sich glücklich schätzen, nie auch nur davon gehört zu haben – Romane liest Gauß aus Prinzip nicht, und ihren als Naturforscher dilettierenden Verfasser kann er nicht ausstehen. Der Mann in Weimar hat die Natur doch immer nur für seinen Trödelladen läßlich nichtssagender Epigramme mißbraucht, Schläge unter die Gürtellinie des Intellekts. Zudem reist dieser Goethe viel und gern; nach seinen Ausfällen gegen Sir Isaac Newtons *Optik* zu schließen, dürfte er im eigenen Kopf aber nicht weit herumgekommen sein.

So als rührte alles Unglück der Menschheit lediglich daher, in engen, modrig riechenden Kutschen eingemummt von Kopf bis Fuß neben ungewaschenen Mitreisenden über schlechtes Pflaster durch die Welt rumpeln zu wollen, wäre Gauß auch diesen Herbst ohnehin am liebsten daheim bei seiner steinalten Mutter geblieben. Wenn er früher in diesem Deutschland herumgereist war, dann um einem senil bettlägerigen und nach «Wurst» verlangenden Kant die Irrtümer Euklids vorzurechnen oder während einer Voltaire-Inszenierung in Weimar – zwei Jahrzehnte ist das her, Gauß war als Landvermesser im Königreich Hannover ständig querfeldein unterwegs auf der Flucht vor seiner zweiten Frau Minna – den titanischen Inbegriff des deutschen Genius alias Goethe in dessen Theaterloge lauthals einen «Esel» zu schimpfen, «der sich anmaße, Newtons Theorie des Lichts zu korrigieren». Wäre Gauß eine Gestalt von Charles Dickens, auf dessen Geburt die Welt allerdings noch zwölf Jahre wird warten müssen, hieße er Mr. Grumpleby: Als Gestalt Kehlmanns ist Gauß eine Unbequemlichkeit in höchster Vollendung und seine Samtkappe alles andere denn getreulicher Ausdruck seines Wesens; rauh, ernst und ehrlich bis auf die Knochen, überspielt er nichts. Ein Ungeheuer an Melancholie und schlechter Laune, fühlt er sich von zu viel und zugleich zu wenig Wissen verdüstert unter dem «unheimlichen Gewölbe» des Firmaments. Als dessen Schöpfer ihn in die Welt setzte – und «gefragt habe einen ja keiner» –, wollte der sich nur über ihn lustig machen; im Jenseits aber würde er, nach seinen Sünden befragt, peinliche Gegenfragen stellen wie die, warum bei der Erschaffung der Welt derart offenkundig geschlampt worden war. So hatte sich's Gauß gedacht, ehe er sich vor den Klauen seiner Schwermut und der Schmach, von Johanna ein zweites Mal abgewiesen zu werden, mit einem Fläschchen Pfeilgift aus Humboldts Berliner Sammlung in Sicherheit hatte bringen wollen, auch um diesem Gott durch die Vorzeitigkeit seines Ablebens ein Schnippchen zu schlagen. Doch Johanna hatte seinen Heiratsantrag plötzlich angenommen, und ihm hatte es gefallen, wenn sie, sein Daseinsgrund und die Liebe seines Lebens, derlei unerwartete Dinge tat, die er nicht begriff. Für Johanna war er wie gemacht, und Geheimnisse wie diese vertrieben ihm seine Schwarzgalligkeit. Als er später einem Emissär Gottes begegnete, dem gegenüber er seine Beschwerden hätte vorbringen können, Graf Hinrich von der Ohe zur Ohe, wollte er in ihm nur einen «kauzigen Aristokraten» und «alten Dummkopf» erkennen – froh, aus dem Labyrinth des gräflichen Anwesens herauszukommen, das anmutete wie die nachlässig fabrizierte Schöpfung Gottes selbst. Damals fürchtete er sich aber auch noch vor Gespenstern, und zu Recht: Bei von der Ohe stieß er nächtlich gleich auf drei Exemplare, so eingefleischt selbstverständlich, als hätte er und nicht dieses Geisterensemble die Wirklichkeit verfehlt. Jetzt sucht er sie – in der elektrisch aufgeladenen Luft.

Unser aller Wiege schaukelt über einem Abgrund, würde Nabokov später schreiben, und Dunkelheit liegt hinter wie vor uns ohne irgendeinen persönlichen Lichtschimmer hier wie dort. Carl Friedrich Gauß in der *Vermessung* ist seit seiner Jugend von diesem Hin- und Hergeschaukel über der schwarzen Leere schon ganz übel, und die drei Tage heimwehkranken Gerappels in einer Kutsche auf Straßen voller Schlaglöcher ins «widerliche» Berlin 1828 gleichen einer Reise jener frühen Seefahrer, die auf dem Rücken einer Schildkröte zu balancieren glaubten, nur um dann über den Rand des Ozeans stürzen zu müssen. Auch wenn dieser Glaube ein Irrtum gewesen war: am Ende geht jede Lebensreise todsicher schief. Mit besonders erlesener Feindseligkeit spürt Gauß während der Fahrt die Despotie der Natur in seinen verrosteten fünfzigjährigen Gliedern. Seine Seele würde er dafür geben, nicht in dieser fortschrittsdürftigen Gegenwart eingemauert zu sein – mit Häusern, an deren Stelle sich schon bald Türme babylonisch himmelan aufhäufen würden, mit Barbieren, an deren Stelle schon bald wirkliche Ärzte die Nerven betäuben und nicht jeden entzündeten Zahn bis zur Gebißlosigkeit ausreißen würden, und mit Kutschen, an deren Stelle schon bald Maschinen einen «mit der Geschwindigkeit eines abgeschossenen Projektils von Stadt zu Stadt» tragen würden, sogar über die Wolken hinweg und immer weiter und weiter hinauf. «Eines Tages würden das Menschen erleben. Dann würde jeder fliegen, als wäre es normal, aber dann würde er tot sein.»

Nun aber endlich auf dieser Stadtbaustelle, Berlin mit Namen, angekommen, schmeckt Gauß zu allem Überfluß das Essen nicht, und als sich Humboldt und Sohn Eugen nach dem Dinner bei Tee und Abendrot über die Galgendespotie des russischen Zaren beklagen, gibt er mit dickensböser Grummeligkeit seine Lebensbilanz zum besten, die weder 1848 noch 1968 sonderlichen Anklang gefunden hätte: «Despotie, wenn er das schon höre! Fürsten seien auch nur arme Schweine, die lebten, litten und stürben wie alle anderen. Die wahren Tyrannen seien die Naturgesetze.» Diese Naturgesetze mit ihren drei Treuhändern Krankheit, Alter und Tod hatten dafür gesorgt, daß er Johanna wirr und verfahren beim Sterben hatte zusehen und dann trotz aller Erstickungsanfälle seines Herzens hatte weitermachen müssen, als hätte Leben noch Sinn ohne sie. Wer auch immer stirbt jeden Tag, sei er Mathematiker, Magier, Physiker, Sterbestatistiker, Maler, Astronom oder Schriftsteller – alle erleiden auf immer und ewig denselben Tod, der den Menschen eingeboren ist wie Gauß die Fähigkeit, schon als Knabe in drei Minuten alle Zahlen von eins bis hundert zu addieren und einen Nachmittag lang ein Lehrbuch höherer Arithmetik zu studieren, um es leidlich «interessant» zu finden und mit Anfang zwanzig selbst ein grundstürzend fundamentaleres zu schaffen, dem Weg der gekrümmten Räume und ungeraden Linien der Sonnenstrahlen zu folgen, bis ihm angst und bange ist, und den Ort zu bestimmen, an dem der Geisterplanet Ceres wiederauftauchen wird. Leidende, Sterbende, Tote – Tyrannen oder nicht – sind, was sie sind, Leidende, Sterbende, Tote, die mit Geheimnissen und ihnen treuen Vorstellungen leiden, sterben und verschwinden, und keine Addition, Arithmetik, Planetenbestimmung kann Abhilfe schaffen. In seiner Erinnerung ist Johanna lebendig, ist nicht und doch da – also wo? Die Gospodin-Frage. Über den Hadesabstieg des Aeneas bei Vergil hatte Gauß einst einen Kommentar verfassen wollen, seine Gespensterfurcht hat sich mit dem Alter verflüchtigt, und wäre es ihm möglich, würde er sich zu Johanna in die Totenwelt versetzen lassen, da sie von sich aus offenbar Gefängnisbesuche bei ihm meidet. Niemals hätte er 1799 in Neuandalusien in der Höhle des Guacharo, die den Eingeborenen als Tor zum Totenreich galt, kehrtgemacht, wenn Johanna ihm dort erschienen wäre wie Baron Humboldt seine Mutter. Der aber war schon immer von anderem Temperament.[41]

«In Deutschland muß man Euch für toll halten!», befindet ein Geistlicher über Belcampo, Alter ego seines Schöpfers E. T. A. Hoffmann in den *Elixieren des Teufels*, die nach Kehlmanns Fassung Humboldtschen Lebens zu dessen literarischem Jugendrepertoire gehörten: Um ihn die «metaphysische Angst» zu lehren, gab ihm sein Erzieher, Majordomus Gottlob Kunth, die sogenannten Schauerromane zu lesen, «in denen es um Mönche ging, um offene Gräber, Hände, die aus der Tiefe ragten, in der Unterwelt gebraute Elixiere und Séancen, bei denen Tote zu schreckensstarren Zuhörern sprachen». Mit Geistern, ob real, ob erfunden, steht Humboldt seit dem Spukschloß seiner Kindheit nahe Berlin zwar auf vertrautem Fuß, hatte jedoch nie Verwendung für sie. Obwohl acht Jahre älter als Gauß, ist er 1828 im Vergleich zu dessen ruppiger Knickrigkeit ein noch immer agiler, wenn auch mittlerweile weißhaariger Kobold von bisweilen fast sakraler Gemessenheit, der sich lange so regungslos aufrecht zu halten vermag, als er sei gerade im Begriff, über Stunden daguerreotypiert zu werden.

Gleich einem Betrunkenen kann Hoffmanns Belcampo «nicht auf gerader Schnur gehen»; doch Kehlmanns Humboldt, solchen Figuren wie Belcampo in Literatur und Leben zutiefst abhold, nüchtern und hochgespannt, die Faust geballt, immer in Uniform und sein Ziel fest im Auge, ertrug mit geradezu triebhafter Standhaftigkeit, was in der Neuen Welt auch immer aufgeboten schien, sein Gemüt aus dem Gleichgewicht seiner akademischen Würde zu bringen: Er ertrug blutgierige Moskitos, elektrische Aale, Sandflöhe in der Haut seiner Zehen, schneestarrende Höhlen und barbarische Sonnen, ertrug die eisigen Vorhöllen des Hochlands und die schaumigen Stromschnellenlaunen der Flüsse, ertrug die üppige karibische Stille in seinem Innern, Papageienunflätigkei-

ten und die abergläubisch wirren Tölpeleien seiner vier Ruderer aus San Fernando, Carlos, Gabriel, Mario und Julio, ertrug
den Tumult der Fieberträume und Bergaufstiegsvisionen, ertrug den sanften Widerstand seines trinklustigen Forschungs-
gefährten Aimé Bonpland wie dessen wahllose Liebeleien und
die Prankenschläge seiner eigenen erotischen Sehnsucht – wo-
bei die fünfzehnjährige Inés, die ihn nackt in seiner Klosterzelle in Neuandalusien erwartete, für den hochbeherrschten
Pädophilen eine weit weniger pikante Herausforderung war
als der kleine Junge, der gleichfalls nackt einmal in seine Hütte
mitten im Urwald zu ihm kroch. Da war es beinahe gleichgültig, ob der Junge der Geist einer der drei Leichen war, die er aus
einer Höhle geraubt hatte, oder nicht.

Wir alle sind Geiseln unserer Kindheit, schrieb der amerikanische Schriftsteller John Cheever; und in Humboldts Fall
war das Lösegeld besonders hoch. Wie ihre beiden Söhne denn
erzogen werden sollten? fragte Humboldts Mutter Goethe:
«Ein Brüderpaar», kramte der Olympier wie blind aus seinem
Epigrammdepot hervor, «in welchem sich so recht die Vielfalt
menschlicher Bestrebungen ausdrücke, wo also die reichen
Möglichkeiten zu Tat und Genuß auf das vorbildlichste Wirklichkeit geworden, das sei in der Tat ein Schauspiel, angetan,
den Sinn mit Hoffnung und den Geist mit mancherlei Überle-
gung zu erfüllen». Auch wenn diese Weltweisheit keiner begriff, folgerte Kunth, der eine solle zum Mann der Kultur, der
andere zum Mann der Wissenschaft ausgebildet werden, und
ließ eine Münze darüber entscheiden, welcher der beiden
wozu. Zunächst lieben Kinder ihre Mütter, dann urteilen sie
über sie; manchmal vergeben sie ihnen. Humboldt vergab es
seiner Mutter nie, ihn einem solchen Bildungsexperiment ausgesetzt zu haben, und nachdem sie ihn auf ihrem Sterbebett
kurz vorm letzten Seufzer noch einmal zurechtwies, war er,
kaum daß sie tot war, «noch nie so glücklich gewesen». *Sieh*

mal, was ich dir alles antun kann: Nach diesem Prinzip des mörderischen Sadisten sperrte Wilhelm von Humboldt, darin Paul im *Fernsten Ort* und dem Jungen in *Töten* aus *Unter der Sonne* nah verwandt, seinen Bruder über Nacht in einen Schrank, rührte Rattengift in sein Essen und wollte ihn im Eisteich des Schlosses mit jener zärtlichen Neugier ertrinken sehen, mit der er auch frischgeschlüpfte Vögel aus Nestern geworfen und neugeborene Katzen gequält hätte. Und Goethe erinnerte Alexander vor seiner Reise, immer daran zu denken, wes Geistes Kind er sei und wem verpflichtet – ihm nämlich, «Weimar» –, und daß er bei seiner Erforschung der Vulkane in der Neuen Welt Belege für den Neptunismus sammeln müsse, wonach im Innersten der Erde keine Lava kochte, da die Erde, so Goethe, aus einem Urmeer erstanden war. Weimar, Wilhelm, die Mutter: *davor* nahm Alexander von Humboldt Reißaus und suchte buchstäblich das Weite, um niemals zurückzukehren.

Während der äußere Lebenslauf von Gauß der Untätigkeit Tschechowscher Figuren gleicht, so würde, müßte man Humboldts Leben in ein Kapitel pressen, dessen Überschrift wie die für das sechzehnte im Dickensschen *Pickwick Club* lauten: «Enthält zu viele Abenteuer, als daß man sie nur kurz anzuführen vermochte.» Niemals zuvor hätte eine Expedition, wie man damals schon in neueren Lexika nachlesen konnte, «zahlreichere und glänzendere Resultate für die Wissenschaft gehabt als die von Humboldt und dem zu kühnen Unternehmungen geneigten Naturforscher Aimé Bonpland.» Genau so wollte er es: Kein Mensch nach ihm würde sich Wissenschaftler nennen dürfen, der nicht Reisen gewagt hatte wie er.

Und Humboldt sah die Welt, sah sie wie am Vorabend der Schöpfung, und vergrößerte sie sich, indem er über Himmel und Erde ein Netz von Meßpunkten warf. Ließen sich Sätze der Geometrie auf Menschen anwenden, hätte er – ähnlich dem dürren Zahlen-Werwolf Thomas Gradgrind in *Hard Times* von Dickens und Dr. Austin Sloper am New Yorker Washington Square bei Henry James – sogar Charakter und Gefühl vermessen. Wie von einem unbestechlich provinzfeindlichen Engel beschützt, konnte ihm, solange er weg war von zu Hause, nichts mehr passieren: Nachdem er sich kraft eines – übrigens haarsträubend imaginären – Potenzmittels für den spanischen Staatsminister offiziellen Zugang zu den Kolonien verschafft hatte, legte er auf Teneriffa seine Wange an die jahrtausendealte Rinde des Drachenbaumriesen und fand ihn, da der hier gewesen war vor Buddha und Christus, einfach bezaubernd, ging dem Kapitän der Fregatte «Pizarro» mit seinem Sextanten erbarmungslos auf die Nerven, erfaßte die Kopfläuse in Neuandalusien statistisch, gewann einen struppigen Schäferhund lieb und verlor ihn wieder, entführte drei leichtgewichtige Leichen aus einer Grabhöhle und ließ sie auf ein Schiff nach Frankreich verladen, das dann jämmerlich absoff, trank jenes Pfeilgift, das demnach auch Gauß lediglich ins Schwindeln gebracht hätte, aß Kinderfleisch, sperrte in Havanna räudige Hunde mit Krokodilen zusammen, um letzterer Jagdverhalten zu studieren, erklomm höhenkrank blutspuckend den Chimborazo in Ecuador, vermaß, wie Odysseus an einen Mast gebunden, auf der Überfahrt nach Mexiko den Zorn der Ozeanwogen, bestaunte ehrfurchtsvoll und entrüstet die Paarung von «[s]o viel Zivilisation und so viel Grausamkeit» vor der aztekischen Mondpyramide in der Stadt der Unsterblichen, Teotihuacan, dem einstigen Prachtbau für Menschenopferungen, ließ sich vom glücklich fernen Bruder mit alledem in die Zeitungen setzen, die auch Gauß mit Erregung las, widerlegte rasch noch – eine kleine Rache an Weimar – Goethes Neptunismus, fand in Mexico City illustrierte Broschüren, in denen er neben einem wundertätigen Priester und der Madonna von Guadaloupe bereits zu einer Märchengestalt erhoben war, und ließ sich's gefallen, und lullte auf seinem Rückweg nach Europa die Damen um Präsident Jefferson in Washington mit dem Herunterleiern seiner Meßergebnisse ein. Anders als sein Tischnachbar Gauß war er 1828 – und nach Durchsicht der Vatikanischen Bibliothek und der Niederschrift seiner vierunddreißig Bände Reisebericht fast noch einmal – irgendwie überall gewesen. Wovor er sich gefürchtet hatte, hatte er gezählt, nach Klassen geordnet und in Tabellen gezwungen. Was er nicht verstanden hatte, hatte er vor sich und der Welt verschwiegen, und zu «perfekter Prosa» umgeschrieben oder vergessen, was ihm mißlungen war. Stets war er dem Unerwarteten vorausgeeilt, und so war selbst der Tod für ihn kein würdeloses Scheitern, sondern, umsichtige Einrichtung der Natur, dank der allmählichen Alterserschlaffung *im Leben* – Teil desselben: Was gab es da noch zu klagen?[42]

Mutterliebe hier – dort Mutterhaß. Ein zuinnerst rastloser Stubenhocker hier – ein obsessiver Heimatflüchtling dort. Hier ein Mann der Frauen – ein Mann der Knaben dort. Würde der eine sofort eine Zeitmaschine bauen, hätte er die Materialien dafür, hält der andere zuallerletzt von der Zukunft nichts mehr. Sind für den einen die wahren Orte auf keiner Landkarte verzeichnet, gibt es die Welt für den anderen nur, wenn er sie kartiert; liebt der eine Geheimnisse, sind sie vor dem anderen, dessen zehn Gebote sich auf den Spruch *Du sollst dich nicht wundern* reduzieren ließen, niemals in Sicherheit; hofft der eine auf ein unsichtbares Universum, ist genau das dem anderen egal – trotz aller Gegensätzlichkeit jedoch wollen Kehlmanns Humboldt und Kehlmanns Gauß wie Julian im *Fernsten Ort* immer nur hinaus und ins Freie. Gauß sucht einen Riß im Mauerwerk der Zeit und nach einem Zeichen Johannas aus dem Jenseits, Humboldt ein Zuhause im genauestens ausgezirkelten Horizont – und wird auch deshalb etwas ungehalten, als Gauß beim Dinner 1828 zu poltern wagt, vermessen könne man ja allerhand, wissen und begreifen jedoch nichts: «Die Welt könne notdürftig berechnet werden, aber das heiße noch lange nicht, daß man irgend etwas verstehe.» Hatte es je eine Landkarte gegeben, auf der alles stimmte? Solcherlei erinnert Humboldt, dem alles Unmeßbare, Erfundene, Phantastische verhaßt ist, soweit es nicht seiner planetarischen Wirkung dient wie jene illustre Broschüre in Mexiko, nur allzu peinlich an die mythenfaselnden vier Ruderer Carlos, Gabriel, Mario und Julio, die schon halbbenebelt zur Welt gekommen zu sein schienen. Am Äquator hatten die ihn gebeten, doch auch einmal etwas zu erzählen – so wie sie selber mit ihren fliegenden Häusern und bedrohlichen Schlangenfrauen, ihren mehrköpfigen und zudem unsterblichen Kannibalen, die sich in Katzensprachen unterhielten, ihren Zwerghunden mit Flügeln, die ausgerottet worden waren von den sprechenden Fischen, und ihrem Aberglauben, man dürfe ihre Vorfahren nicht aus den Gräbern holen ... Und in seiner Ratlosigkeit war ihm nichts anderes eingefallen, als Goethes *Nachtlied* frei ins Spanische zu übersetzen: «Über allen Gipfeln / Ist Ruh', / In allen Wipfeln / Spürest du / Kaum einen Hauch; / Die Vögelein schweigen im Walde. / Warte nur! Balde / Ruhest du auch.» Er möge das Erzählen schon an und für sich nicht, erklärte er den vieren vorab defensiv, und was dann folgte, war so lau, humorfrei und trist wie manche Stillstandsprosa deutscher Gegenwartsliteratur: «Oberhalb aller Bergspitzen sei es still, in den Bäumen kein Wind zu fühlen, auch die Vögel seien ruhig, und bald werde man tot sein. / Alle sahen ihn an. / Fertig, sagte Humboldt. / Ja wie, fragte Bonpland. / Humboldt griff nach dem Sextanten. / Entschuldigung, sagte Julio. Das könne doch nicht alles gewesen sein. / Es sei natürlich keine Geschichte über Blut, Krieg und Verwandlungen, sagte Humboldt gereizt. Es komme keine Zauberei darin vor, niemand werde zur Pflanze, keiner könne fliegen oder esse einen anderen auf.» Das war das Problem: Zwar handelte Humboldts «Geschichte» vom deutschen Wald und dem Tod, dem vielmächtigen Kehlenzuschnürer; aber vom Lebenskampf gegen ihn, von Konflikt, Fabel, *Plot*, war darin keine Spur.

Gleich dem Balladen- und Puschkin-Liebhaber Gauß hält es auch Humboldt mit dem Lyrischen, Bücher ohne Zahlen beunruhigen ihn, und Romane sind ihnen beiden wie den Geistlichen im *Don Quijote* abscheuliche Flausen müßiger Köpfe, vor allem wenn sie sich in Lügenmärchen über geschichtliche Personen verlieren – wie *Die Vermessung der Welt*, deren Hauptgestalten sie sind. Jeder «Dummkopf» – ein Daniel Kehlmann etwa; genau der – könne sich in zweihundert Jahren über sie lustig machen und absurden Unsinn über sie erfinden, ereifert sich Gauß. Und Humboldt dekretiert daher, Literatur hätte zu zeigen, «was sei», und «eine Lehre» im Schlepptau zu halten – eine Moral ganz ohne Geschichte täte es für ihn im Grunde ohnehin auch. So schlägt er vor, Kataloge sollten erstellt werden von Pflanzenmerkmalen und Listen der Eigenschaften wichtiger Männer, an die strikt sich zu halten Maler und sonstiges Künstlerpersonal gesetzlich verpflichtet wären, bis Fortschritte in der Daguerreotypie die bildende Kunst dann ohnehin überflüssig machen würden wie – so hieß es später untergangsfroh – Reportage und Film den Roman. *Die Vermessung der Welt* gäbe es gar nicht, ginge es nach Humboldt und Gauß.

Und nach Professor Hegel. Denn die Vorschriften und Prophetien der beiden Landvermesser lassen sich hören, als besuchten sie an der Universität Berlin nebenher Hegels Vorlesungsreihe zur Ästhetik, die sich um 1828 ihrem Ende nähert wie in ihnen «die Kunst» an und für sich: Hegel ist von dem chronischen Leiden seiner bei Platon gelernten Überzeugung getrieben, die Philosophie sei der Literatur überlegen, da jene vergebens erstrebe, wozu allein diese imstande sei – zu einer «höheren Form des Bewußtseins». Er ähnelt darin einem Henry-Jamesschen Geistesaristokraten, dem Land vererbt wurde mit einem See darin, damit er an dessen Ufer zum Nimmerwiederhören über die Nachteile seines Seebesitzes doziert – und das nur, weil er selber nicht schwimmen kann. Melancholische Eitelkeit, die Liebe zum Vagen und Dunklen, gelehrte Einschüchterung und Verbitterung sind die wesentlichen Triebfedern der Hegelschen Vorlesungsmühen, und seine Verallgemeinerungen nehmen sich derart voreilig aus, daß «die Kunst» in ihnen – so oft er sie auch zu ihrer Beseitigung aufruft – eigentlich gar nicht vorkommt. In der *Vermessung* tat Don Fernando García Utilla, Leiter der Silbermine in Taxco de Alcarón im Süden Amerikas, einmal all diese «deutsche Philosophie» Humboldt gegenüber als «schöne Phantasterei» ab, und Mark Twain im Norden bekundete später, ihm widerfahre das Unglück, einen gewissen Hegel zu lesen, er sei damit auch schon recht weit gediehen, habe darin bislang aber noch kein einziges Verb finden können, und höre daher jetzt mit der Lektüre auf. Mit der Wut eines Vampirs bei Sonnenaufgang, metallisch scheppernd und zugleich von opernhafter Langmut, ging Hegel besonders gegen die dämonisch schwarze, geisteszerrüttet zuchtlose Romantik eines E. T. A. Hoffmann vor und schickte sie ins Exil; und die machte sich, begeistert empfangen, auf nach Amerika, zuerst in den Norden zu Poe, zu Nathaniel Hawthorne und Henry James, dann in den Süden zu Carlos Fuentes, Gabriel García Márquez, Mario Vargas Llosa und Julio Cortázar, für die die Erfindungen der Philosophie nicht minder phantastisch sind als die Erfindungen der Literatur. Und gemeinsam mit diesen vier Ruderern, Carlos, Gabriel, Mario und Julio, fällt Kehlmann in der *Vermessung der Welt* über Gauß, Humboldt und Hegel her ähnlich jener Inés, die vor Langeweile in Humboldts Klosterzelle dessen Sextanten auseinandernahm und das Porträt Friedrichs des Großen bunt bemalte: eine Vergeltungsmaßnahme, die längst einmal fällig war.[43]

Vargas Llosa und García Márquez hatte Kehlmann bereits in seiner Jugend gelesen und bei der Niederschrift von *Ich und Kaminski* erneut zu studieren begonnen, auch um seinen treuesten Hausdämon, Nabokov, im Zaum zu halten. Über Humboldt las er erstmals in Mexico City, sah eines Tages dann dessen Dinner mit Gauß im Jahr 1828 vor sich und stand damit plötzlich auf dem Ausgangsgrund für *Die Vermessung der Welt*. Von Vargas Llosa übernahm er die Technik, Lebensschicksale in Kapiteln abwechselnd nebeneinander herlaufen zu lassen, bis sie sich an einem Punkt, an ebendiesem Abend vor Beginn des Kongresses, kreuzen und miteinander ins Benehmen setzen. García Márquez schenkte ihm das Universum jenes Hauses seiner Großeltern in Aracataca, das alt genug war, um Gespenster und einen vielstimmigen, hundertjährigen Papagei namens Lorenzo el Magnífico zu beherbergen – das Universum eines Hauses, das familiäre und historische Ereignisse bewahrte wie unwahrscheinliche Träume, wo ein jeder das Entsetzen zu empfinden vermochte, von jenseits des Todes angesehen zu werden. Darin konnte sich jeder in seine Erzählungen derart hineinsteigern und von sich aus Details hinzufügen, daß er nicht mehr in der Lage war, die ursprüngliche Version und die Grenze zwischen Wirklichkeit und Poesie auszumachen: Jeder legte sein Geschichtenpuzzle nach eigener Art, um auch dann noch, da er die Realität dahinter wirklich einmal zu Gesicht bekam – eine Stadt etwa –, sie sich nicht anders denken konnte, als er sie sich Stein für Stein aus der Phantasie erbaut hatte. Dieses Phänomen, literarisch ein unendlich mühevolles Geschäft, doch im Alltag nichts Besonderes (auch im Alltag Europas nicht), wurde unbeholfen auf das Begriffsungeheuer «Magischer Realismus» getauft; für García Márquez aber war es nichts als eine «rudimentäre Erzähltechnik», wie er selber bekannte, um die Realität (auch die Realität Europas) «unterhaltsamer und verständlicher» zu machen und das, was vielleicht nicht wirklich, aber deshalb noch lange nicht als weniger wahr zu bezeichnen war: Es stimmte nur auf andere Weise. Jede Vorstellung von Realität war schon immer ein Teil von ihr.

Als García Márquez an einem Sonntagabend um 1950 in der letzten Straßenbahn einen Faun erblickte – «und ich nahm im Vorbeigehen sogar den Geruch seines Felles wahr» –, war es für ihn nicht wichtig, ob der Faun nun real gewesen war oder eingegeben von seiner Erschöpfung, sondern daß er ihn als real erlebt hatte, so wie Humboldt in aller streng wissenschaftlichen Unschuld erfahren muß, daß vor Teneriffa Seeungeheuer zu sichten und Vögel zwar nicht am Himmel über ihm zu sehen sind, sich aber im Flußwasser neben ihm spiegeln; daß eine «metallene Scheibe» ihm fliegend folgt – ein UFO offenbar (und offenbar nur nicht für ihn) – und auf dem Chimborazo sein verloren geglaubter Schäferhund, der wie ein Grauhörnchen über den Schnee läuft, ohne einzusinken; daß ein zerzauster Papagei lange Sätze «im Idiom eines ausgestorbenen Stammes» sprechen und ein anderer «unablässig Beschwerden in schlechtem Spanisch» vorbringen kann; daß es einem Matrosen im Fieberwahn fast gelingt, davonzufliegen, und einem Händler in Mexico City, sich die linke Hand abzuhacken und im Nu wieder anwachsen zu lassen. Und Kehlmann fügt diesen Schritten ins vermeintlich Irreale die in *Mahlers Zeit* und im *Fernsten Ort* geübte symmetrische Strukturierung seiner Welt hinzu, verdeckte Spiegelungen, Parallelen, Analogien, die keines seiner Motive unverbunden und den Roman wie ein Humboldtsches Netz von Meßpunkten erscheinen läßt.

So als gingen sie durch die Neue Welt wie über einen «gleißenden Spiegel» und wären dabei «Reflexionen zweier Wesen aus einer anderen Welt» – wie nach Marios Empfinden die Geister der Vögel, die im Flußwasser gespiegelt fortlebten –, so scheint sich Bonpland auf dem Weg hinauf zum Gipfel des Chimborazo zu verdreifachen, in einen, der geht, einen, der dem Gehenden zusieht, und einen, der alles in einer Sprache kommentiert, die keiner versteht. Umgekehrt stimmen alle drei ein Lied an, das nur er allein kennen kann. Der «dunkel gekleidete Herr», der neben ihm herstapft im Schnee mit traurigen Gesicht, verwandelt sich in eine geometrische Figur, ist Gauß, der wiederum bei Graf Hinrich von der Ohe zur Ohe ebendiesen Emissär Gottes, den Schäferhund und den kleinen Jungen Humboldts als Gespenster vor sich sieht wie später den «lächelnden Chinesen», dem Humboldt in der westlichen Mongolei begegnen wird. So träumen Gauß, Humboldt und Bonpland einander wechselseitig fort. Bonpland muß träumen, wie er Humboldt genüßlich massakriert, der zu anderen Zeiten fühlt, wie Bonpland sich, die Zähne fletschend und in der Hand eine Machete, über ihn beugt. Das jedoch kann sich an Grauen nicht messen mit den kehlmanntypischen, an Quälerei grenzenden Träumen in Träumen, etwa wenn Bonpland träumt, daß er in Paris erwacht und ihm eine Frau erklärt, er habe wohl geträumt, durch die Tropen zu reisen, um, immer noch im Traum, dann von Humboldt geweckt zu werden und diesen über eine Felskante zu stoßen ... und nun erst weckt Humboldt ihn tatsächlich. Dagegen ist die Séance in Berlin 1828 keine so schreckensstarre Veranstaltung, wie Humboldt sie aus den Schauerromanen seiner Kindheit in Erinnerung hat – auch wenn ihr Conférencier Lorenzi kurz seinen italienischen Akzent vergißt und offensichtlich ein Schwindler ist, sind die sich im siebzehnjährigen Medium austobenden Geister wie Humboldts Mutter alle unfehlbar wirklich und geben Humboldt und Gauß die Scharfsicht ein, wie sie noch ein letztes Mal je ihr anderes Ufer erreichen könnten: Wunder stehen neben Wundern in der Alten wie der Neuen Welt, und gemeinsam setzen sie bei Kehlmann den Glauben außer Kraft, Fortschritt sei Substraktion, Verminderung, Verlust. Wir leben immer in einer Gegenwart, in der wir Entdeckungen machen, die gerade nicht mehr überirdische Offenbarungen sind und doch noch nicht ganz irdisch. Die erzählten Wunder setzen denen, die Humboldt mit seinen Instrumenten verkörpert, nur etwas hinzu, und beide sind in Kehlmanns Romanwirklichkeit gleich real; so wie die Südamerikaner seine Welt argwöhnisch bestaunen, beargwöhnt er staunend die ihre; und beiden fehlt ein Stück des Puzzles, das erst *Die Vermessung der Welt* komplettiert. Humboldt trifft in Calabozo, Venezuela, einen Alten, der von fern verwandt ist mit José Arcadio Buendía, dem wissenschaftsgläubigsten und unternehmungsfreudigsten aller Bewohner Macondos in *Hundert Jahre Einsamkeit*; er will ihm seine europäische Überlegenheit beweisen und reibt an seiner Leydener Flasche, die den Geist elektrischer Ladungen birgt, als wäre sie die Lampe Aladins aus *Tausendundeiner Nacht* – und so entgeht ihm, daß der Alte den Lügendetektor erfunden hat. Nur dieser Alte und Humboldt zusammen also machen das Ganze aus, den Kosmos, das Universum und uns: Eine Entzauberung der Welt hat niemals stattgefunden.[44]

In Deutschland, befand Juli Zeh zwei Jahrhunderte später, wolle jeder Gabriel García Márquez lesen, paradoxerweise jedoch keiner so schreiben wie er. Warum, fragte sie sich, gelingen uns deutschen Autoren oft nur Romane, die dem engen Kopf eines einzelnen Ich entsprungen sind – wo es uns selber als Lesern doch viel mehr Vergnügen bereitet, eine ganze Welt von oben her ausgebreitet zu sehen und über sie hinwegzufliegen? Ist der Wunsch, mit Humor, Handlung und den großen Geschichten unterhalten zu werden, nicht ein so schlichtes wie legitimes Bedürfnis? – *Die Vermessung der Welt* genügte diesem Bedürfnis und dem Wunsch, nicht immer so «deutsch» sein zu müssen, so humboldtnüchtern und hegelernst. «Müsse man immer so deutsch sein?», seufzt Bonpland 1799 nach der

Sonnenfinsternis, die Humboldt über der Korrektur seiner Uhren selbst nicht wahrgenommen hat, und so humorlos? Erst als Humboldt bei Präsident Jefferson in Washington fünf Jahre später die Damen beim Galadiner mit Tatsachen, Tatsachen, Tatsachen foltert, sie mit seiner Taxonomie der Insektenarten, Vegetationsdichten und Druckschwankungen zum Gähnen bringt wie die Leser dann mit den Prosawüsten seiner Reiseberichte ohne Oasenaussicht, hilft ihm sein Erfinder, seine Geschichtenfeindlichkeit kurz zu überwinden: Humboldt trinkt zuviel, läuft ziemlich rot an und rüttelt, sanft illuminiert, die modernen Dornröschen um sich her aus ihrer Langeweile wach, indem er gaumig von seiner ewigen Heimatflucht zu erzählen beginnt und von den Fabelwesen der Neuen Welt, die er nun plötzlich selber gesehen haben will, von fliegenden Hunden, mehrköpfigen Schlagen und polyglotten Papageien ... Dann geht er «[l]eise vor sich hin lachend» zu Bett, um so die Maxime des Teufels aus Thomas Manns *Doktor Faustus* zu beglaubigen, daß «der Deutsche» eine halbe Flasche Champagner leeren müsse, um auf seine natürliche Höhe zu kommen.[45]

Unser Erfinder hat genug von uns

Die Vermessung der Welt trägt ihren Sieg davon über die Erzählfeindlichkeit von Humboldt und Gauß, und es triumphiert darin jene Seite der deutschen Literatur, die von Professor Hegel vertrieben worden war und in Amerika ihr Ultima Thule fand. Dennoch bleibt Kehlmanns Sieg absichtsvoll zweifelhaft. «Alles Theater», denkt man, und «Um Gottes willen, erzähl jetzt bitte keinen Roman!», wenn sich einer mal wieder in seine weitschweifigen, grotesken Übertreibungen hineinverirrt und man ihm schon vorab Socken in den Rachen stopfen möchte; und der von Humboldt und Gauß kalt gepflegte Groll auf alles, was fiktiv, unbekümmert dahererzählt ist, ein «Roman» eben und bloßes «Theater», hat eine Kehrseite, die Furcht vor jener unheimlichen Fratze in Kehlmanns persischem Teppich, die sich erst bei genauerem Hinsehen als gütiges Lächeln erweist.

Wie Wesen aus einer anderen, jenseitigen Welt empfanden sich Humboldt und Bonpland auf den gleißenden Spiegelebenen Südamerikas – und sie hatten ja recht. Denn genau das sind sie immer gewesen, aus historischen Persönlichkeiten zusammengetöpfert und dann auch noch – fühlt Gauß – von einem «Dummkopf» und «schwachen Erfinder in ein seltsam zweitklassiges Universum gestellt». Wie Nabokovs Pnin, wie Beerholm, David Mahler und Julian im *Fernsten Ort* ahnt auch Gauß, erfunden zu sein und daß ihr Erfinder am Ende des Romans nun «genug [hat] von uns», und begehrt auf gegen seinen sonderbar frivol schweigenden Schöpfer und dessen verschlampte Welt, die «sich so enttäuschend ausnahm, sobald man erkannte, wie dünn ihr Gewebe war, wie grob gestrickt die Illusion, wie laienhaft vernäht ihre Rückseite». Gauß fühlt gnostisch. Und dieses Ungetüm von Gefühl – die Raubtiersorte von Depression aus der abendländischen Philosophie – hat in Kehlmanns Werk seine eigene Geschichte: Ließ Kehlmann seinen Beerholm noch hinter dem Spektakel der Welt einen freundlichen Artverwandten vermuten, Gott als Kosmosillusionisten, so bediente er sich in *Mahlers Zeit* – und mit Pauls Computerspiel im *Fernsten Ort* noch einmal – der finsteren gnostischen Mythologie, und in *Ich und Kaminski* nahm Markions Kosmosintrigant Jaldabaoth die luziferischen Züge des Kleindemiurgen Kaminski an, der die Fäden des Schicksals aller in seinen Fingern hielt. Auch in der *Vermessung* scheinen die Menschheitsaussichten nicht minder düster gnostisch zu sein.

Mit Gott, zumindest mit diesem, ist Gauß denn auch fertig. Der aber nicht mit ihm – heiter und zum Mitgefühl geläutert spielt Kehlmann in der *Vermessung der Welt* selber den Demiurgen, belehrt Gauß, von dem er sich seine ganze Schöpfung hindurch kritisieren ließ, eines Besseren – und Figuren wie Leser werden in einem sehr altmodischen Moment der Gnade und für nur wenige Sekunden einer jenseitigen Macht hinter all dem Schweigen gewahr, das den Schöpfer der Welt umgibt: Gott wird eben allgemein, wie Tom Stoppard einmal sagte, schwer unterschätzt.

«Was, meine Damen und Herren, ist der Tod?», fragt Humboldt 1829, ein Jahr nach der Hinterzimmerséance, in seinen Vorlesungen zur physischen Beschreibung der Welt, bevor er wieder auf eine Reise entwischt: Nach und nach verflüchtigt man sich im Alter, schleppt den Tod – «Warte nur! Balde»! – wie einen zweiten Schatten neben sich her, wird noch zu Lebzeiten, wie auch Kaminski beklagte, eine Erinnerung und sein eigenes Gespenst, das halblaut vor sich hin redend durch die Straßen schlurft, mit einem Fuß schon auf der anderen Seite und ihr näher mit jedem schwerfälligen Schritt, und die Passanten drehen sich um nach dem erbarmenswürdigen Alten, der doch tatsächlich meint, nicht nur Gespräche mit sich selbst zu führen, sondern mit seinen Lebenden und Toten. Doch so wie Humboldt und Gauß in den Visionen und Träumen des jeweils anderen erschienen, so sprechen sie 1829 von Göttingen nach Rußland hin und zurück über Tausende Kilometer hinweg auch wirklich telepathisch miteinander wie Geister der Luft; und wo sie sich ein Jahr zuvor noch manchmal die Zähne zeigten, bemitleiden und versöhnen sie sich für immer – etwa als Humboldt auf einem Ball in Moskau über Erdmagnetismus sprechen will und man ihn mit «Gerede und Geschwätz» brüsk unterbricht: «Er müsse Gauß unbedingt sagen, daß er jetzt besser verstehe. / Ich weiß, daß Sie verstehen, antwortete

Gauß. Sie haben immer verstanden, armer Freund, mehr, als Sie wußten. Minna fragte, ob ihm nicht wohl sei. Er bat sie, ihn in Ruhe zu lassen, er habe laut gedacht.» Nur die Toten bleiben in diesem luftgeisterfüllten Äther unansprechbar.

Doch wenn sich die Toten – wie Humboldts Mutter – bei Séancen heranholen lassen, sinniert Gauß wie ein Swedenborgianer und benebelt von der Bitternis fröstelnder Einsamkeit, warum nutzt Johanna dann nicht sein erstklassiges Induktionsgerät? Einfach weil sie nebenan «in einer stärkeren Wirklichkeit» lebt, gegen die sich die diesseitige als unwirklich, wie «ein Traum und eine Halbheit» ausnimmt und wie «ein längst gelöstes Rätsel», auf dessen müßige Verstrickungen sich nur die Unklugen unter ihnen einlassen wollen, die schon zeit ihres Lebens Quälgeister gewesen sind. Darum auch – und nicht nur, weil er Kehlmanns Gauß ist und nicht der historische – kommt er sich «immer wieder wie eine nicht ganz gelungene Erfindung» vor, «wie die Kopie eines ungleich wirklicheren Menschen», der fast schon drüben ist in Nabokovs Königreich verwilderter Gärten im Meer, wo man die Schlüssel zu allen Toren und Schatzkammern der Welt in Händen hält. Wenigstens gemeinsam mit Johanna war das Leben eine Überraschung gewesen: warum sollte nicht auch der Tod eine sein?

Stirbt man? Man entkommt. Und für diese Einsicht gewährt Kehlmann Gauß einen Blick in die ersehnte Zukunft. Die Realität schwankt um ihn her, das Herz des Universums setzt aus, das Raum-Zeit-Gefüge bricht ein gleich einer Theaterkulisse, damit Gauß Dinge wahrnehmen kann, die wir zwei Jahrhunderte später gewohnt sind und kaum mehr spüren, die erdbebengleichen Vibrationen der Untergrundbahnen und die Auspuffgase säuerlich in der Luft, Automobile im Stau, ein Flugzeug am Himmel und Hochhäuser aus spiegelndem Glas – Erfindungen, die keine überirdischen Offenbarungen sind und zugleich doch wenig Irdisches an sich haben und die wir Künftigen uns jetzt tagaus, tagein zunutze machen, ohne auch nur eine Ahnung davon zu besitzen, wie sie funktionieren. Gauß hat dank seiner Vision mehr erfahren als sein ehemaliger Privatlehrer, von dem er sich so ärgerlich überholt glaubt mit dessen Abhandlung über astrale Geometrie.

Alles nicht so wichtig, «[d]ie Dinge sind, wie sie sind, und wenn wir sie erkennen, sind sie genauso, wie wenn es andere tun, oder keiner», beschwichtigt Humboldt per ätherischer Luftpost und gebeugt wie ein Fragezeichen aus Moskau, wo ihm Zar Nikolaus gerade ein Ehrenband umhängen will, «Wie meinen Sie das?», fragt ihn der Zar und hält inne, nein, nein, versichert Humboldt dem Despoten hastig, «er habe nur gesagt, man dürfe die Leistungen eines Wissenschaftlers nicht überschätzen, der Forscher sei kein Schöpfer, er erfinde nichts». Ein Nilpferd zu erschaffen mag, häßlich, wie es ist, ein Fehler sein; doch diesen Fehler zu begehen vermag kein Mensch – und so schenkt Kehlmann, der Schöpfer und Erfinder der *Vermessung der Welt*, Humboldt die Idee zu einem Werk, das schon während seiner Niederschrift verjährt ist und dennoch das wissenschaftliche Epos der Weltbewunderung schlechthin bleiben wird, dem *Kosmos*. Und Eugen Gauß, den sein Vater im Zorn während der Séance im Stich ließ und den Humboldt väterlich unbeschadet aus dem Gefängnis holen wollte, begnadigt er aus dem despotieverheerten, alten Europa über Teneriffas bezauberndem Drachenbaumriesen nach Amerika, das zunächst nur ein Flackern ist, ein Wetterleuchten und «noch nicht ganz wirklich» gleich der fernen Küstenlinie Thules im *Fernsten Ort*: Wie E. T. A. Hoffmann zu Poe fand und zu García Márquez und dort vor Hegel sicher war für alle Zeit, so rettet Kehlmann den freudig erregten Eugen hinüber in eine Republik im Meer.[46]

VII DIE VERSCHWUNDENEN

Ruhm

Kommt, Geister,
die ihr Mordgedanken nährt

Wollte Gott, man fragte uns nie, wofür wir uns selber hielten und was wir darzustellen meinten in der Welt. Wir würden nicht von da an in unserer eigenen Schuld stehen und glauben, wissen zu müssen, wer wir sind; wir wären nicht gezwungen, «zu uns selbst zu finden» und unseren «Lebenstraum zu wagen», wie Glücksratgeber es von uns fordern und Paulo Coelho lehrt: Wir würden nicht «den Wegen unseres Herzens folgen» und «in uns ruhen» wollen, nur «um zu *sein*» wie ein träge blinzelndes Reptil auf übersonnten Steinen und um «uns uns selbst ganz hingeben» zu können – so als wäre «Selbstfindung» ein Liebesakt. Wollte Gott, wir fragten uns nie, wer wir sind, da wir zu guter Letzt nur mit Shakespeares Iago erwidern könnten: *Wir sind nicht, was wir sind.* Und diese Formel stünde, immerhin, dem Irrlauf an Paradoxien der gewaltigen Selbsthilfegruppe, zu der sich ein Teil der westlichen Welt seit den siebziger Jahren des vergangenen Jahrhunderts formiert hat, in nichts nach.

Glauben wir Borges, so empfand sich Shakespeare in seinen Anfängen als ein Niemand, zum Verschwinden gering wie so viele, da er nicht wußte, wozu er geschaffen war. Wo war sein Glaube an sich selbst, der laut Coelho «Berge versetzte», wo sein «Lebenstraum», den in die Tat umzusetzen «falsche Illusionen» ihn hinderten? Als die *Queen's Men*, Wanderschauspieler, in seinem Geburtsstädtchen haltmachten und einer aus der Truppe bei einem Besäufnis in einen Streit geraten und dabei getötet worden war, mußten die Rollen umbesetzt werden, für einen Neuling wurde plötzlich eine Statistenstelle frei, man bot sie ihm an, und es muß ihm so vorgekommen sein, als schenkte man ihm das Meer. Hatte er schon immer empfunden, daß er etwas in sich trug, so wußte er jetzt, was es war, nämlich nicht er selbst – denn was war das schon? –, sondern ein anderer zu sein, imaginär, sein Schatten als sein eigentliches Ich, eine der Leichen zunächst, die man beim Schlußapplaus von der Bühne schleppte, bald ein gedungener Killer, bald der querlippige Intrigant am Königshof, der König werden wollte oder bereits einer war. Spielte er nicht, überfiel ihn der verhaßte Geschmack seiner eigenen Unwirklichkeit aufs neue, und er erfand sich seine eigenen Helden auf dem Papier, Killer, die mit ihrem morbiden Witz über ihre Funktion hinauswuchsen, Intriganten, die aus Haßneid Ehemänner anstachelten, ihre vermeintlich untreuen Frauen zu erwürgen. «Ich bin nicht, der ich bin», ließ er kühl, intelligent und skrupellos seinen Iago sagen, meinte damit aber auch sich selbst, der alle war und keiner.

Um 1585, als sich Shakespeare mit den *Queen's Men* zu den Bühnen Londons davonmachte, konkurrierten diese mit öffentlichen Hinrichtungen und mußten daher gleichwertig Spektakuläres bieten. Für aufgeklärte Kleriker jener Zeit waren es folglich weniger «böse Geister», die üble Phantasien in uns wachriefen, als die Bühnenschriftsteller und ihre Kulissenverschwörungen und Menschenschlachtungen. Und so falsch lagen sie mit ihrer Kritik gar nicht. Zu den Verhaltens- und Spielregeln der Literatur gehört es nämlich, daß Schriftsteller Verschwörer und Mordskerle sein müssen – und, wie Peter

Handke beklagte, «seltsam enthusiastische» noch dazu –, damit ein Plot zustande kommt und es überhaupt etwas im Wortsinn Spannendes zu erzählen gibt. Ginge es nach denen, die sich auch auf dem Kontinent der Kunst «Allharmonie» wünschen, würde der Odysseus des Homer seinen Bogen nicht spannen, um seinen gesamten Hofstaat, der Penelope belagert und seinen Sohn Telemach wie ihn selber töten wollte, dermaßen kreuz und quer und detailgründlich hinzumetzeln, daß er den Saal danach mit Schwefel ausräuchern muß, und die Handlung der *Odyssee* wäre auf die *eine* Sentenz zu bringen: *Ein Mann fährt auf einem Schiff nach Hause zu seiner Frau, und alles wird gut.* «[J]edoch der einfallsreiche Odysseus, / als er den großen Bogen gehoben und allseits betrachtet – / wie wenn ein Mann, der kundig der Leier und des Gesanges, / leicht um einen neuen Wirbel sich spannt eine Saite / und den trefflich gedrehten Schafsdarm beiderseits festmacht: / So ohne Mühe spannte des großen Bogen Odysseus.» In diesem Vergleich des Odysseus mit einem Sänger, Schriftsteller, und seines Bogens mit einer Leier gibt sich Homer als der Drahtzieher hinter all dem Spektakel und als der eigentliche Mörder zu erkennen, und so ist auch der Sänger Phemios einer der wenigen, die Odysseus verschont – und Homer damit sich selbst. Sich für Plot, Grauen, Gewalt in Szene und Stil, ja für deren «Ästhetisierung» rechtfertigen zu müssen und dafür, daß er Odysseus, sich und seinen Hörern blutrünstige Genugtuung verschafft, hätte Homer ebensowenig verstanden wie später dann Shakespeare. Lady Macbeth kann es kaum erwarten, bis ihr Gatte nach Hause kommt, um die Prophezeiung, er werde König an Stelle Duncans sein, in Duncans Ermordung umzusetzen, und so fleht sie die dämonischen Mächte herbei, «*Come, you spirits / That tend on mortal thoughts*», «Kommt, ihr Geister, die ihr Mordgedanken nährt», von ihr Besitz zu ergreifen: Lady Macbeth bringt sich in Splatterstimmung, und durch sie hindurch ruft auch Shakespeare die heiteren Musen des Mordens zu sich und legt die Waffen seiner stets grausamkeitsbereiten Phantasie auf dem Schreibtisch aus.[47]

Schriftsteller sind Serienkiller seitdem, und keiner hat sich so theatralisch gegen seine eigenen Gestalten verschwören können wie Charles Dickens. Er trieb mit ihnen Handel wie mit Sklaven: Kam es für die einen zum Happy End, mußten die anderen zum Augleich im letzten Winkel eines Romans mit einer Tragödie erstickt werden. Als Eugene Wrayburn in seinem letzten Roman, den er noch vollenden konnte, *Our Mutual Friend*, von seinem Rivalen Bradley «Grabstein» Headstone fast zu Tode geprügelt, bettlägerig seiner Lizzie zuflüstert, er fühle sich dazu bestimmt, zu sterben, «*I ought to die, my dear*», ahnt er richtig – Dickens hatte ihn sich bereits tot gedacht und zögerte nun doch; er streifte, mit einem Spazierstock bewehrt und von Lady Macbeths Geistern umschwärmt, durch die nächtlichen Straßen der großen Wildnis Londons entlang den Fenstern wie Fallbeilen und flackernder Gaslaternen; sinnierend blickte er die elenden Seitengassen hinauf und hinab. Sollte er Wrayburn nun ins Reich der Toten Londons befördern, die, wenn sie in einer solchen Nacht erwachen und durch die Straßen ihrer Stadt strömen würden, den Lebenden morgens keinen Platz mehr ließen? Unschlüssigkeiten dieser Art erlebte Dickens nicht zum ersten Mal: Zwei Jahrzehnte zuvor, nachdem er in den letzten Kapiteln des *Old Curiosity Shop* das engelhafte Waisenkind Nelly Trent in immer lebensgefährlichere Bedrängnis hineinintrigiert hatte, war er von ausgewachsenen Männern auf der Straße angefleht worden, Nellys Leben zu schonen; und als er an das Ende von *David Copperfield* gelangt war, zögerte er die Beseitigung von Davids Gattin Dora hinaus, die pikanterweise den Namen seiner neugeborenen Tochter trug, «[I] *have still Dora to kill*», schrieb er seinem Freund und Mentor John Forster, «ich muß immer noch Dora umbringen. Aber vielleicht schaffe ich es morgen – mit etwas Glück.»

Der Mörder ist immer der Autor. Und so steht der tückische Roman *Ruhm* von 2009, ein Horrorstück, in dem Komik, Groteske und schieres Grauen gleichermaßen die Führung übernehmen und sich alles aus Kehlmanns bisherigem Werk zusammenballt, am vorläufigen Ende einer stolzen Reihe schriftstellerischer Kapitalverbrechen: Kehlmann schickte Arthur Beerholms Mutter Ella einen Blitz und löste ihr liebes Gesicht in Feuer auf; Beerholm selber stieß er von einem Fernsehturm, David Mahlers Schwester ließ er durch eine Straßenreinigungsmaschine köpfen; er fällte Mahler in schwelgerischem Zeitlupentempo kraft eines Herzinfarkts, bevor der den Tod – und damit auch den eigenen – von der Erde tilgen konnte, Julian ertränkte er im *Fernsten Ort* quälerisch langsam von Anfang bis Schluß, und eine bald Achtzigjährige, verwitwet, Mutter dreier Töchter und so herzensgut, daß sie selbst für den Teufel Mitleid gefaßt hätte, ist in *Ruhm* verurteilt – garantiert unheilbar, wie der Arzt versichert – zum Tod durch Bauchspeicheldrüsenkrebs. Wie Beerholm jedoch, wie Julian und Gauß wähnt sie, daß sie nur erfunden und ihr Sterben der miese literarische Kunstgriff eines kaminskihaften Kleindemiurgen und Schriftstellers sein könnte. Ihr Leid kommt ihr plötzlich so «unwirklich» vor, «als wäre es die Geschichte einer anderen oder als hätte jemand sich das alles ausgedacht.» Vor Furcht versteinert, bekniet sie ihren Schöpfer wie in einem Gebet, sie am Leben zu lassen. «Das geht nicht», erwidert der Autor irritiert und vertrotzt, «was hier mit dir geschieht, ist dein Zweck. Dafür habe ich dich erfunden». Es sei *ihre* Geschichte, sie solle doch dafür dankbar sein, und die «handelt von deinem letzten Weg. Täte sie es nicht, hätte ich nichts über dich zu erzählen», läßt er nicht locker: «Du hast Krebs. Du stirbst in jedem Fall». Offenbar ist der Mann ein Engel des Todes, und in *Ruhm* sieht der Leser wie sonst kaum in der Literatur dem Intriganten und Schlächter bei seiner Arbeit zu, bis dem Opfer jemand plötzlich zu Hilfe eilt, des Schriftstellers Scharfrichterpläne durchkreuzt und damit ihn zur Verzweiflung treibt. Hinter seinem Rücken ist eine Gegenintrige im Gang – es fragt sich nur, warum.[48]

Das Geständnis einer Maske

Inzwischen ist allgemein bekannt, daß Daniel Kehlmann die Geburt für das größte Mißgeschick hält, das einem widerfahren kann, daß alles, was man ihm privat erzählt, in seine Romane Eingang finden könnte und daß er zumeist vergißt, die Asche seiner Zigarette abzuklopfen, so daß sie immer wieder auf eine seiner legendären geblümten Westen fällt. Längst ist es auch kein Geheimnis mehr, daß er die Dreizehn fürchtet und sich Fragen zu Interviews mittlerweile vorab zusenden läßt, um sie nur schriftlich zu beantworten, einfach weil er es haßt, Sätze wie Normalsterbliche auszusprechen. Auch Schriftsteller, sieht man, sind Menschen und haben so ihre Eigenheiten – an all dem gerade Gelesenen aber stimmt natürlich kein einziges Wort. Doch schon ist ein dritter Daniel Kehlmann geboren: Wie nehmen sich wohl die beiden anderen aus?

Fast jeder hatte schon einmal einen Nachbarn im Zug oder Flugzeug sitzen, der in *Die Vermessung der Welt* so gebannt vertieft war, als hätte ein Thriller ihn in seiner Gewalt. Anfangs zählte Kehlmann noch die täglich verkauften Exemplare; als die *Vermessung* aber unwahrscheinliche anderthalb Millionen Leser allein im deutschsprachigen Raum gefunden hatte, kam sich Kehlmann selber gleich jener alten Dame in *Ruhm* wie die Erfindung eines anderen vor.

Vorbei war jene Epoche seines Mißerfolgs, da er an seinem künstlerischen und damit auch persönlichen Wert hatte zwei-

feln müssen und ihm, einem der vielen sogenannten Hoff-
nungsträger deutscher Gegenwartsliteratur, Bildungsbeflis-
sene auf spärlich besuchten Lesungen in mittelgroßen Städten
beschieden, ihnen entginge auf dem Büchermarkt nichts, von
einem «Kehlmann» aber hätten sogar sie noch nie gehört, worauf sie vorwurfsvoll davonstampften, um die Scham dieses
Niemand von einem Autor nicht erleben zu müssen. Jetzt er-
läuterten Teenager, die *Vermessung* auf dem Schoß, ihren Eltern
vergnügt, wie depressiv das «coole Supergenie» Gauß doch gewesen war – «und zu Prostituierten ging er auch!» –; aus Pres-
seporträts war zu erfahren, was Kehlmann am liebsten aß und
in welcher Körperhaltung, wie beflissen nachlässig gekleidet,
wie unverfälscht sein Mienenspiel, wie seltsam ehrlich, wie
umgänglich und unaufdringlich, ja «schüchtern» er war – zu
schüchtern für einen Bestsellerautor? –, und wie eloquent –
obwohl so jung; zu eloquent für einen so jungen Schriftsteller? – und wie intelligent – mustergültig klüger, muster-
schülerhaft gebildeter und belesener, als es ihm guttat, wie
Benjamin über Musil befunden hatte, alt- oder neunmalklug
vielleicht? Ließ Kehlmann sich mit Vollbart ablichten oder
pries er die *Simpsons* als «vitales Kunstwerk» und den Schöpfer
der *Sopranos*, David Chase, als Balzac der Jahrtausendwende,
war das den Feuilletons eine Tagesmeldung und tags darauf
eine Glosse zu seinen «trivialen Vorlieben» wert, auf die man in
der Folgezeit würde zurückgreifen können, um sie gegen
Kehlmanns Kritik am Regietheater zu wenden. Man kann wenig, man kann leider auch gar nicht, kann man aber auch zu erfolgreich sein?

Die anderen, die noch Verkannten, die sich ernster nehmen
mußten, als der Rest der Welt es tat, durchforsteten Zeitungen
nach Ausschreibungen von Stipendien und Literaturwettbe-
werben, übten denselben Beruf wie Kehlmann gleich Dauer-
selbstmördern aus, verschlissen sich die Nerven an ihrer An-

onymität – und der? Reiste unter Applaus durch Europa. Bei jenen, die ihn nicht persönlich kannten, wurde er unweigerlich zum Geschöpf ihrer Phantasie und zum Rivalen, vertrat mit seinen flüssig und lässig gut lesbaren Büchern, so vermerkte Autorenkollege Rainald Goetz in einem Blog auf der Internetseite von *Vanity Fair*, «die gehobene Angestelltenkultur», vollends «belanglos für die Welt der Erkenntnis, der Kunst, das wirkliche Leben», und nahm in höflich gehaltenen Reden Preise wie Pralinenschachteln entgegen. Sie indes gingen, ohne dermaßen anerkannt zu werden wie er, täglich Risiken ein, die ihnen kein Gran an Selbstachtung ließen. In einer Welt, die von Anfang an weniger *von* als *für* Literatur gelebt und gelitten hatte und in der der Erfolg des einen demnach wie von allein die Demütigung des anderen war, weil der eine, da erfolgreich, nicht nur für die Literatur lebte, sondern auch noch von ihr leben konnte – in einer solchen Welt mußte die *Vermessung* jenen Neidhaß schüren, der weniger die Parole *Das will ich auch* einflüstert als den Kehrreim *Ich will nicht, daß der das hat* trällert. Als hätte der Erfolgreiche ein Unrecht begangen, das gesühnt werden muß.[49]

Zu seiner größten Verwunderung hatte der amerikanische Schriftsteller Saul Bellow um 1964 mit dem Roman *Herzog* einen Bestseller geschrieben und fragte sich, ob er sich «dadurch unwillentlich etwas habe zuschulden kommen lassen. Ich habe mein Gewissen durchforscht, doch keine Sünde entdecken können». Auch Kehlmann fand keine; nachgetragen wurde sie ihm dennoch. Nervös, weil ratlos, und ratlos, weil von der Vorstellung verwirrt, nur verbittert Mühe machende Bücher könnten – im Zöllner-Sinne – «wichtig» sein, war die Literaturkritik zunächst beglückt gewesen über seine «handwerkliche Perfektion» und «frühe Meisterschaft», wie man sie «hierzulande kaum für möglich hält». Doch als sich die *Vermessung* nach Kehlmanns eigenem Bekunden «unsinnig gut» für ihn bezahlt machte und ab Januar 2006 noch vor Joanne K. Rowling auf den deutschen Bestsellerlisten erstplaziert blieb, war sie eben nicht mehr so kommerzentrückt, wie Literatur «hierzulande» – zumindest *vor* der Verleihung eines Buchpreises – stets zu sein hat, war massentauglich offenbar und, «sehr kalkuliert», von ihm selber vielleicht gerade darauf angelegt gewesen? Und plötzlich hieß es, die *Vermessung* sei zwar «nicht übel», doch «einem Essay ähnlicher als dem Roman, der das Werk zu sein vorgibt», etwas «steril» und ihr Erfolg «eigentlich recht unerklärlich»: Kehlmann hätte «ruhig mehr wagen» dürfen – wo war denn «der literarische Mut», wo «das Ungebärdige, Unvernünftige, Überflüssige, Überschießende, Widerständige, Widersprüchliche, Maßlos-Menschliche großer Kunst», wo «die existentielle Dringlichkeit», wo «Leidenschaft», wo «Tiefe», «Spiellaune», «Erfindungsfreude»? Wo blieb – wurde allen Ernstes gefragt – «der Einbruch des Anderen, Metaphysischen, in diese vermessene Welt»? – als gäbe es in der *Vermessung* keinen Emissär Gottes, und als wäre es nicht Gott selbst, der, verborgen und verschwiegen, seine Gestalten ins Gefüge seines Universums Einblick nehmen ließ; als läge das Jenseits darin nicht gleich nebenan, als gäbe es keine realen Gespenster und hegte Gauß nicht still für sich den innigen Wunsch, zu ihnen zu gehören. Doch konnte, was sich so gut verkaufte, so gut eben auch wieder nicht sein. Und Kehlmann hätte sich gegen diese gröbliche Schnurstrackswendung ins Destruktive, die sich lediglich auf Verkaufszahlen stützte, nicht einmal mit dem Satz Oscar Wildes behelfen können, daß ein Autor sich nur dann im vollendeten Einklang mit sich selber befindet, wenn Kritiker sich über ein Werk uneins sind.[50]

Der «Beatle» John Lennon war, so las Lennon 1966 in einer Zeitung, charmant zwar, aber arrogant wie Heinrich VIII., kindisch und faul, und als er sich Monate später in den USA einem

Pressetribunal stellte, erklärte er, «die Beatles» seien, was Menschen global in ihnen sähen und nicht *sie selbst*: Unsere tägliche Maske gib uns heute, sagt Guildenstern bei Stoppard – was aber, wenn man sie sich nicht mehr selber wählen kann? Lennon war sich manchmal so fremd wie Leonardo DiCaprio in jenem irrealen Moment, da er sich erstmals auf der Leinwand sah: «Und *das*, bitte, soll *ich* sein?» Für das Phantom Öffentlichkeit, in deren Rampenlicht – obschon in ungleich geringerem Maße – auch Kehlmann stand, schien er auf einmal schon immer berühmt gewesen, überall zugleich und so präsent zu sein, daß er sich bald selber zusehends unwirklicher wurde ähnlich Paul McCartney, als man in der Presse lancierte, er wäre 1969 bei einem Autounfall ums Leben gekommen und sein eigener Doppelgänger und mithin nicht *er*. Wo war «Daniel Kehlmann»? In der virtuellen Welt der Medien nahm ein Double Gestalt an, hinter dem er zu verschwinden drohte, als wäre er durch eine fiktive Version seiner selbst ersetzt worden und als spurtete ein anderer, zweiter, falscher Kehlmann durch die Welt, einer, der in Wiesbaden die Fragen seines Publikums blasiert und brüsk abgewiesen hatte, in Anzug und versnobter Seidenweste, eine wohlgebundene Fliege um den Hals, die er, der wirkliche, erste, gar nicht binden konnte. Was für ein unangenehmer Typ, dachte sich Kehlmann, als er davon las ... und erschrak, da der ja *er selber* war – nein, der andere, der neuerdings auch noch Kolumnen für die *Frankfurter Allgemeine Zeitung* schrieb, wie ihm Bekannte ärgerlich zuraunten: Von «Kehlmann» gäbe es jetzt dann langsam genug. Aber er schreibe gar keine, erwiderte der erste, wirkliche; «ich hätte schwören können, das wärst schon wieder du gewesen», dann sei es ja gut – und es fehlte nur noch, daß dieser andere, zweite volltrunken das Mobiliar in den Suiten von Palasthotels zu zertrümmern begann. Er, der es gewohnt war, sich in erfundene Personen hinein zu vervielfältigen, hatte einen Doppelgänger draußen, kaum weniger wirklich als er. Kehlmann war sich selbst nicht mehr gleich und kam sich langsam abhanden – *der dort* jedenfalls war gewiß nicht er. Hatte er Humboldt und Gauß allmählich schon für seine eigenen Schöpfungen gehalten, schien wie ihnen nun auch ihm zuweilen, er wäre eine Romangestalt – und das wurde er auch: In Thomas Glavinics *Das bin doch ich* ist er der um seinen «Ruhm und Erfolg» ehrlich und offen beneidete Freund. «Vor einigen Jahren war ich für kurze Zeit der etwas weniger Unbekannte und Erfolglose», murmelt Glavinic in sich hinein, jetzt aber schreibe jemand, «Daniel sei der beste Autor seiner Generation. Ich zucke zusammen. Das bin doch ich!», und beruhigt sich wieder, bis die Mutter ihrem Thomas ins Mobiltelefon schreit, «Wann schreibst denn du mal ein Buch, das so einen Erfolg hat? [...] Wäre nicht schlecht!»[51]

Wie *er* sich denn den Erfolg der *Vermessung* erkläre, was das Buch nur derart beliebt mache – bei Lesungen stellte man Kehlmann immer dieselben Fragen: Wie war er gerade auf *diese* Idee gekommen, und warum gerade Humboldt und Gauß? Was daran war historisch richtig, was nicht? Wie er sich damit fühle, solche Genies wie Humboldt und Gauß für seine Zwecke mißbraucht zu haben? Woher nahm er seine Einfälle? Arbeite er tagsüber oder nachts? Ob Erfolg schlimmer sei als sein Gegenteil? – eine Erkundigung, die das Publikum offenbar hoffen ließ, mit einer Antwort wie «Erfolg ist schrecklich, schätzen Sie sich glücklich, nicht berühmt zu sein» über die eigene Unberühmtheit hinweggetröstet zu werden. Da sich Kehlmann kaum ernster nehmen konnte, als der Rest der Welt es ohnehin schon tat, setzte er die untrügliche Skepsis, die man ihm früher entgegengebracht hatte, in «hemmungslose Selbstironie» um und stellte sich auf den Kopf.

Nach Henry James dürfen die Schwierigkeiten, denen sich ein jeder Schriftsteller zu stellen hat, nie von äußeren Umständen bedingt sein: Sie müssen im Widerstand der Komposition selber liegen; nur sie erhöhen die Qual und den Reiz tagtäglicher Arbeit und lassen, sind sie in einem Maße gemeistert, die einen nachträglich selber staunen macht, ein Werk erst vollkommen werden. Und doch gibt es auch an diesen äußeren Umständen wenig, was einem Schriftsteller nicht irgendwie nützlich werden könnte, da er – in Kehlmanns Worten – von Berufs wegen mit den Dingen, die ihn bedrängen, fertig wird, indem er sie erfindet, und sei dieses Ding, wie in Kehlmanns Fall, eben ein anderes Selbst in der Parallelwelt der Presse und des Internets.

In der Geschichte der Literatur stand Kehlmann damit nicht allein: Da die Leser Philip Roth mit dessen Libido-Ungetüm Alexander Portnoy verwechselt hatten, erfand Roth sich ein Alter ego, Nathan Zuckerman, der in seiner Romanwelt dann wieder mit *seiner* Figur, Carnofsky, verwechselt wurde, der der animalisch rohe Schatten seines Autors Zuckerman war, bis die Öffentlichkeit inner- wie außerhalb Rothscher Phantasiegebilde bei all diesen Masken, die sich als Geständnisse tarnten, nicht mehr bestimmen konnte, wer in diesem Wirrwarr aus Fakten und Fiktionen nun Roth, Zuckerman, Portnoy und Carnofsky war und wer mit wem welche Obsessionen teilte. Andrew Fields biographisch verrenkter «Nabokov» hatte den wirklichen zu *Sieh doch die Harlekine!* inspiriert, worin eine Travestie Nabokovs, ein trunksüchtiger Neurotiker und Habitué diverser Nervenheilanstalten mit einer Vorliebe für lolitahafte Mädchen, fürchten mußte, wiederum nur die Parodie eines wahren «V. N.» auf diesem oder einem anderen Planeten zu sein. Und so sah auch Kehlmann die Figur eines Autors «vertrackter Kurzgeschichten voller Spiegelungen und unerwarteter Volten von einer leicht sterilen Brillanz» vor sich, der nicht ihm, sondern seinem Mediendouble glich, also kein Alter ego war wie Philip Roths Zuckerman, sondern ein Alter *Alter* ego und zugleich ein Zerrbild des Klischees vom Autor als eines chronischen Exhibitionisten. Und er schrieb ihm, in Gedanken vorläufig nur, manche seiner Eigenheiten zu, allerdings zu Aversionen und Phobien gesteigert, bis dieser Typ tatsächlich jenes Ekel war, zu dem man Kehlmann bisweilen verzerrte: aufs peinlichste unsouverän in allen Stil- und Lebenslagen, nervös in sich gekehrt, zöllnerisch egoman und dabei unverhohlen doch nie «er selbst», leicht gelangweilt, manchmal kalt wie die Klinge eines Skalpells, kindisch jedoch in seinen Eßgewohnheiten und in seiner Furcht vorm Fliegen, vor Eisenbahnfahrten und Spinnen und dermaßen unduldsam, daß er bei seinem Vortrag in irgendeiner Botschafterresidenz, «[h]ätte er gekonnt, [...] alle hier zum Tod verurteilt» hätte. Ihm gab Kehlmann den Vornamen des bewunderten Leo Perutz mit und entlieh seinen Nachnamen jener blindlings mißbrauchbaren Profession, deren Gesinnung man als Schriftsteller, Miguel de Unamuno wie Albert Camus zufolge, niemals nachgeben darf: der des Richters, der – ungleich Kehlmann – die Menschen um sich her danach zu bemessen scheint, in welcher Weise sie als Opfer seiner Fiktionen dienstbar gemacht werden könnten. Wie James Joyce würde dieser Leo Richter heimlich die Tagebücher anderer durchforschen, um daraus seine Geschichten zu schmieden – die Welt ist für ihn nichts als das Rohstofflager seiner Erzählfabrik.[52]

Doch da dem unermeßlichen Erfolg der *Vermessung* kein nächstes Buch mehr gewachsen sein konnte, da die Erwartungen ins Grenzenlose gingen und die ohnehin seines Massenerfolges überdrüssigen Literaturkritiker nur die Gelegenheit wahrnehmen würden, seine Reputation zurechtzustutzen, brachte Kehlmann zwei Jahre lang nichts Nennenswertes zu Papier, bis es einfach schwerer geworden war, nicht zu schreiben, als zu schreiben. Und im Frühsommer 2007 zog er sich zurück, um ein Labyrinth zu schaffen, während die Medien

Second Life entdeckten, jenes von *Linden Lab* betriebene Online-Rollenspiel mit fünfzehn Millionen registrierten Benutzerkonten, bei dem man sich per Mausklick seine eigenen graphischen Doppelgänger, «Avatare», im virtuellen Raum des Internets erschaffen kann. Was in *The Death of the Lion* von Henry James das Leben und letzte Werk des Romanciers Neil Paraday gerettet hätte, eine Öffentlichkeitsabstinenz, verordnete sich Kehlmann selber: Er gab keine Interviews mehr, ging neben dem Schatten seines nun auf «Leo Richter» getauften Mediendoubles durch die Straßen Wiens spazieren und entwickelte die Idee zu einem Werk, wie es in der deutschen Literatur seit Hoffmann, Achim von Arnim und *Nachts unter der steinernen Brücke* von Perutz fast ausgestorben war. Indes Romane niemals perfekt sein können, sagte er sich, so Kurzgeschichten durchaus – was also wäre, wenn sein nächster Roman wie ein Episodenfilm von Luis Buñuel und Robert Altman nur aus Geschichten, aus *short cuts* bestünde, jede in sich pointiert geschlossen, jedoch «ohne Hauptfigur», so erklärt dann Leo Richter seiner Lebensgefährtin Elisabeth die Machart des Romans, und «ohne durchgehenden Helden», an deren Ende der Leser erst all die Schicksale untergründig ineinander verwoben und die symmetrische Struktur als ein Ganzes erfassen kann? Was der einen Romanfigur widerfährt, stößt auch einer anderen zu, was der einen entgeht, darin verliert sich eine andere – «Spiegel, die sich in Spiegeln spiegeln», wie es in Kehlmanns Theaterstück *Geister in Princeton* heißt –, und wer Leo Richter begegnet, taucht später vielleicht in einer seiner Geschichten auf … Doch lediglich zwei der Geschichten würden eine zweite, noch fiktivere Realitätsebene bilden, da sie von Richter selbst geschrieben wären, der auf der ersten Ebene als Schriftsteller selber eine Gestalt abgäbe, gelesen von den anderen wie Miguel Auristos Blancos, dessen esoterische Lebensratgeberreihe durch *Ruhm* geistert wie der Werbespruch

Trink doch Bier! auf den Plakatwänden in Kehlmanns früherem Werk.

Eloquent, belesen, altklug, blasiert und selbstzufrieden, ein Musterdichter mit einem fashionablen Faible für amerikanische Fernsehserien wie die *Simpsons* und *Sopranos* – sollte Kehlmann nun obendrein noch größenwahnsinnig geworden sein? Als *Ruhm* in Zeitungen und Magazinen angekündigt wurde mit einem ironisch stilisierten Hochglanzporträt des Autors zur Seite, munkelten manche, Kehlmann wollte seine eigene Berühmtheit bejubeln und bei den zwar lesenden, aber «unreflektierten Massen» daraus zugleich erneut sein Kapital schlagen, so als hätte Javier Marías mit dem Titel seines Erzählbandes *Als ich sterblich war* der Welt verkünden wollen, er halte nach seinem Bestseller *Mein Herz so weiß* seine Unsterblichkeit für ausgemacht. Doch gehorcht Kehlmanns vermeintlich großspuriger Romantitel dem Beerholmschen Trick, das Publikum lediglich in jene Karten blicken zu lassen, auf die es gerade nicht ankommt. Und so handelt der Roman *Ruhm*, der ursprünglich «Die Verschwundenen» heißen sollte, auch von des Ruhmes schwarzer Kehrseite, seiner Bosheit, wie im traurigen Fall des schurkischen Esoterikfrömmlers Miguel Auristos Blancos, vom Verschwinden und Vergessenwerden, von den Myriaden flüchtiger Passanten auf der Straße, den bloßen, wie toten Namen im Telefonbuch und Anonymen aus dem Publikum bei Lesungen, den *nowhere men*, die sterben könnten, ohne jemanden damit zu behelligen, und die in Gestalt ihrer eigenen Todesanzeige ihren ersten und letzten Presseauftritt haben werden, von den Unscheinbaren, Unbeachteten und Übergangenen, die so viel mehr sein wollen, als sie sind und vielleicht auch sein könnten, von dem Gefühl, ein bloßer Statist zu sein im großen Welttheater, ungeliebt, unbegehrt, unsichtbar für die anderen wie bei einem Telefongespräch und mithin zu Lebzeiten schon ein Gespenst.[53]

Was, zum Teufel, soll ich jetzt mit dir tun?

Vielleicht muß man das Grauen der vollendeten Andersartigkeit des Todes wie Marcel Proust am eigenen Leib erfahren haben, etwa an Atemnot leiden oder an einem unverläßlichen Herzen, um die Unwirklichkeit im alltäglich Gewohnten ausmachen zu können. Dann sind Telefongespräche plötzlich Geistergespräche, Fotoalben Totenalben, dann ist ein Kinosaal ein Reich auf Celluloid gebannter Schauspieler, die im Licht des Tages draußen längst verblichen sind. Audrey Hepburn lächelt Cary Grant noch immer elfengleich zu und ist für immer zu Staub zerfallen: zur selben Zeit. Er brauchte, so denkt sich in *Ruhm* denn auch der Star Ralf Tanner, «bloß noch zu sterben, um einzig und allein dort zu sein, wo er eigentlich hingehörte: in den Filmen und auf den unzähligen Fotografien».

Kaum einer denkt heute mehr daran, wie zauberisch und doch auch bestürzend gespenstisch nach der Erfindung der Fotografie die des Telefons einmal war: Weit weg war der andere und – unsichtbar – zugleich gegenwärtig ganz dicht am Ohr. Er war da – und dennoch fern. Wer jemals die *Suche nach der verlorenen Zeit* gelesen hat, wird nie den Augenblick vergessen, da Proust diese Neuheit mit uralten Bildern des Märchens beschwor und, als er übers Telefon mit seiner Großmutter sprach, die ewige Trennung von ihr vorweggenommen fühlte und vermeinte, die Stimme einer Toten aus der Unterwelt zu hören, die sich über die Erinnerung an die noch Lebende drängte und sie vertrieb, *als wäre sie bereits tot* – ein Versagen seinerseits, das er mit einer «*intermittence du cœur*», dem Aussetzen seines Herzschlags, verglich. «Oft, wenn ich in der Weise zuhörte, ohne die zu sehen, die von so weit her zu mir sprach, schien es mir, als riefe diese Stimme aus Tiefen, aus denen man nicht wieder hinaufsteigt, und so habe ich die Angst kennengelernt, die mich eines Tages ganz umfangen sollte» – Angst vor dem Tod des geliebten Menschen, der, sobald er tatsächlich eingetreten ist, auch Einzug hält in uns und dann in uns auf und ab zu gehen beginnt wie im Wartezimmer eines Arztes –, «nur die Stimme war bei mir, so ungreifbar wie die geisterhafte Erscheinung, die mich vielleicht wieder aufsuchen würde, wenn meine Großmutter tot wäre». Das meinte Proust mitnichten technologieabfällig; denn in den magischen Membranen des Telefons war etwas von Unsterblichkeit zu spüren, so wie die Stimmen der geliebten Toten noch lange in uns verweilen: «Wenig Wissenschaft», zitierte er gerne Pascal, «entfernt von Gott, viel Wissenschaft führt zu ihm zurück», und so sollte man sich nie davor fürchten, «zu weit zu gehen; denn die Wahrheit liegt jenseits». Ihm ging, ganz im Gegenteil, der Fortschritt nicht schnell genug, und auch der Neuheit Telefon war er für die Einsicht dankbar, wie wenig Zeit er hatte und daß er sein weniges nutzen mußte, *sofort*, bevor es zu spät war: Es ist, wie immer, so schnell *zu spät*.

Mit den Induktionsgeräten von Gauß und Faraday und der Entwicklung des elektromagnetischen Fernsprechers durch Johann Philipp Reis, Alexander Bell, Elisha Gray und Thomas Alva Edison hatte sich in der Weltgeschichte erstmals die Anwesenheit eines Menschen von seinem Körper gelöst, und nicht nur den Spiritisten kam ein Telefongespräch wie eine Séance im Kleinen vor. In einer Mietwohnung im Liverpool Lennons und McCartneys um 1957 war das Telefon, ohne das heute kein Haushalt mehr zurechtkäme, noch eine Seltenheit. Seit den Neunzigern des vergangenen Jahrhunderts holen im Horrorfilm, der sich von Natur auf Notfälle spezialisiert, in *Ringu* etwa, *Paranormal Activity*, *Dark Water* oder *The Others*, Telefone, Anrufbeantworter, Fotografien, Videos, Überwachungsmonitore und das Internet die Stimmen und Schemen nicht immer nur gutgesinnter Gespenster aus dem Dunkel des Jenseits. Und auch die Bewohner der digitalen Welt in Ruhm sind zuallererst Geister – jeder ist überall, niemand irgendwo – mit ihren Mobiltelefonen, Internetforen, Chatrooms und Fansites, in denen sie ihre Blogs «posten» und ihren Online-Freunden begegnen, als hätten sie einander leibhaftig vor sich wie Humboldt und Gauß in ihren telepathischen Geistergesprächen. Sie leben vorderhand allesamt bestens damit, «daß Wirklichkeit nicht alles ist. Daß es Räume gibt, in die man nicht mit dem Körper geht». So formuliert es Mollwitz, ein Urgestein von Netzaktivist, der es wissen muß: Ihm bleiben – sein Witz auf Moll gestimmt, fettleibig, unansehnlich, verängstigt, wie er ist – nur jene körperlosen Räume; und die der Literatur.

Ist ihm und den anderen «Usern» bei all dieser medialen Virtualität, von der Julians Vortrag im *Fernsten Ort* hätte handeln sollen, das Vermögen verlorengegangen, «zwischen Sein und Schein zu unterscheiden»? Glaubt jemand, der verurteilt ist dazu, sein Dasein im Rollstuhl zu verbringen, und als ein «Avatar» auf den Kontinenten von *Second Life* tanzen kann, er sei «im Real Life» nicht querschnittsgelähmt? Kehlmann kommt es in Ruhm erst gar nicht in den Sinn, irgendwelche «Kritik» zu «üben» an der Kommunikationstechnologie, um den Nachkommen der unzähligen Fans gesellschaftlichen Niedergangs gefällig zu sein, für die, Kathrin Passigs kleiner Geschichte der Technologiekritik zufolge, bereits das nicht mehr handgeschriebene Buch ein Vorbote der Apokalypse gewesen war, die Daguerreotypie, dann Fotografie eine Erfindung Satans und das Kino eine nicht weniger humanitätswidrige Nichtigkeit und Massenillusion, für die das Telefon nur zu «Entfremdung» führen konnte und zu einer Flut inhaltslosen Wortlärms, das Telegramm, dann die Postkarte die Beerdigung der Briefkultur und die Schreibmaschine dann das Ende der Schreibkultur war, die SMS-Nachricht die Sprache der Jugend verrohte, die Präsentationssoftware Powerpoint dem Denken und das Internet der Öffentlichkeit überhaupt den Garaus machte. Keine dieser Prophetien trat ein: Hätte man sich auf die Katastrophensüchtigen und Vernichtungswilligen verlassen, gäbe es weder Buchdruck, Roman, Film noch jene Presse, in der sie ihre Untergänge an den Mann zu bringen suchen. Sie sind längst selber zu einer Sekte uniformiert, die, wenn sie bei der Erschaffung der Welt zugegen gewesen wären, den Ruin des Universums mit seliger Panik herbeigefürchtet und den Schöpfer gefragt hätten, wozu das denn nun wieder gut sein soll. «Ein Planet Erde? Mit Menschen drauf? Gemacht nach *Deinem Bild*? Entfremdet Dich nur Deiner selbst.» Sie hätten sich um die Realität und ihren Verlust – durch welche Medien auch immer – ohnehin nie sorgen müssen: Sie ist, was nicht weggeht, gerade wenn man aufhört, an sie zu glauben.

Kehlmann hat die Gewohnheit, seine Gegenwart von der Zukunft her zu betrachten und durch Straßen, Bahnhöfe, Flughäfen zu gehen, als wären sie eine eigens für ihn detailverliebt errichtete historische Kulisse, um sich so die Gewöhnlichkeit seines Blicks abzugewöhnen. Sein Ahnherr ist jener Proust, der in uns Kinder sah, die mit all unseren technischen Innovationen wie mit «heiligen Kräften» spielen: Niemand erschauert mehr vor ihrem Geheimnis, und ein jedes birgt doch eins für uns, ist gerade keine überirdische Offenbarung mehr und hat doch so wenig Irdisches an sich wie die ganze Welt in jenen kurzen, merkwürdig klarsichtigen Momenten trunkener Benommenheit, da sie vor einem zu liegen scheint wie von einem Kontrollturm Gottes aus.[54]

In *Ruhm* hat die Zentrale einer Mobiltelefongesellschaft irrtümlich bereits vorhandene Nummern an einige Dutzend Neukunden vergeben, und einer davon, der Computertechniker Hans Ebling, dessen erstes echtes Lebenszeichen es wohl wäre, sich das Leben zu nehmen, wird für den berühmten Schauspieler Ralf Tanner gehalten, weil sein Telefon auf dessen Nummer geschaltet ist; in den Telefongesprächen im Keller mit Tanners Liebschaften besitzt er kurz einmal etwas, woran er sich freuen kann, und einen «Vertreter seiner selbst in einem anderen Universum» – er wäre ja so gerne «wie alle», sagt er, der wie alle ist, zu einer Carla Mirelli, «[a]ber ich wußte nie, wie man das macht». In sträflicher Nachlässigkeit verschuldet Ebling dabei den Suizid von Tanners bestem Freund, dem erfolglosen Theatermimen Mogroll, und Carla Mirelli ohrfeigt in der Lobby eines Hotels vor laufenden Kameras Tanner dafür, daß Ebling sie unter dessen Namen versetzt hat – und Tanners Abstieg beginnt.

Müde des ewigen Reisens durch deutsche Kulturinstitute rund um die Welt, reicht Leo Richter einen vom PEN-Club organisierten Besuch im fernen Mittelasien an die Krimiautorin Maria Rubinstein weiter, die das Aufladegerät ihres Mobiltelefons zu Hause vergessen hat und daher, versehentlich von ihrer Reisegruppe zurückgelassen, im «Osten» vermutlich für immer spurlos verschwindet. «Verschollen», wird Leo Richter später zynisch bemerken: «[d]as wäre was. Macht sich gut in der Biographie». Längst in seiner Berühmtheit verschollen ist Tanner, der Star, der sich durch das ewige Fotografiertwerden vom Schattengebilde seiner realeren Celluloidgestalt ersetzt fühlt; er verdingt sich als mittelmäßiger Imitator seiner selbst in der Vorstadtdiskothek *Looppool* – nicht zufällig ein Spiegelname –, wird von einem Double verdrängt, das dem Leinwandoriginal viel ähnlicher ist, und verläßt sein Dasein: zu jenem Allerweltsleben befreit, aus dem Ebling in Tanners Namen so gern auf immer geflüchtet wäre. «Poster» Mollwitz bekämpft seine Daseinsöde mit Internet-Injurien gegen Tanner, ergießt Herz und Seele ins Netz und hofft, als er seinem Lieblingsautor Leo Richter begegnet, wie in die Parallelwelt des Internets endlich in eines seiner Bücher hineinzugeraten und, zu einer literarischen Gestalt erhoben, wenigstens einmal in einer Geschichte vorzukommen – vergeblich? «In einer Geschichte, das weiß ich jetzt, werde ich nie sein.» Und ist es, in *Ruhm*, gerade doch.

Kaum waren gegen Ende des neunzehnten Jahrhunderts die ersten Privattelefone eingerichtet, so erzählt Gabriel García Márquez in der *Liebe in den Zeiten der Cholera*, gingen wegen des anonymen Klatsches über die Telefone mehrere intakt scheinende Ehen zu Bruch – gerade Mobiltelefone aber wirken in *Ruhm* wie erfunden für den perfekten Ehebruch: Der namenlose Vorgesetzte von Mollwitz und Abteilungsleiter der Zentrale jener Mobiltelefongesellschaft, die die Nummernverwirrung über den Roman hereinbrechen ließ, führt zwei Leben, als ein Ich in dieser, als ein anderes in der anderen Stadt. Er betrügt seine Gattin Hannah mit Luzia und Luzia mit Hannah, ohne daß sie je davon erfahren müßten, da er übers Mobiltelefon immer behaupten kann, er sei dort, wo er gerade nicht ist, ohne daß sich dies nachweisen ließe, bis er schließlich in Stücke zu fallen droht und vor Peinlichkeit stirbt – *Wie ich log und starb* könnte, wie *Als ich sterblich war* von Javier Marías, dem Titel nach sogar aus dem Totenreich erzählt sein.

Dorthin scheint sich Miguel Auristos Blancos am Schluß seiner «Suche nach Lebenssinn beim Wandern über hügeligem Wiesengrund» aufzumachen. Denn die Anfrage einer Äbtissin ob der Rechtfertigung Gottes in einer Welt des Schmerzes und des Todes läßt diesen Existenzexperten mit der Schärfe eines Messerstichs seine Kompendien fernöstlich durchhauchter Glücksversprechen als bloßen Giftschrank «wohliger Lügen» erkennen. Plötzlich kommt er in seiner wilden Schlußbetrachtung einem Bob Dylan näher als jenem Coelho, mit dem er die Auflagenhöhe, die Blautöne der Copacabana in der Dämmerung, die zenistisch «kunstlose Kunst des Bogenschießens» und den schlüpfrig albernen Titelkitsch seiner Bücher – *Der Weg des Selbst zu seinem Selbst*; *Frieden, komm tief ins uns*; *Frag den*

Kosmos, er wird sprechen – gemeinsam hat: «*We struggle and we scrape*», wir kämpfen, schlagen uns durch, kratzen fast ab dabei und rappeln uns wieder hoch, alle eingepfercht und ohne Ausweg am Horizont, «*we're all boxed in, no way to escape*». Von seinem Fenster aus über der glitzernden Küste Rio de Janeiros blickt Auristos Blancos in seinem Antwortschreiben an die Äbtissin plötzlich auf eine ständig gefährdete Schöpfung: Er «hatte [...] unzählige Sonnenuntergänge gesehen, aber immer noch schien ihm jeder wie der erste, und ihm war, als liefe ein kompliziertes Experiment ab, das Abend für Abend auch aufs schrecklichste fehlschlagen konnte. [...] Gott ist nicht zu rechtfertigen, das Leben entsetzlich, seine Schönheit skrupellos, selbst der Frieden voll Mord, und gleichgültig, ob es Ihn nun gibt oder nicht, was ich nie zu entscheiden vermochte, habe ich keinen Zweifel daran, daß mein elendes Krepieren Ihm so wenig Mitleid abfordern wird wie das meiner Kinder oder eines hoffentlich noch fernen Tages, ehrwürdige Mutter, das Ihre». Und Auristos Blancos hält sich eine Pistole an den Kopf – zumal er, von seiner plötzlichen Härte berauscht «nach so vielen Jahren der Weichheit» und vom saphirberingten Ruhm boshaft geworden, der Versuchung nicht widerstehen kann, mit seinem Suizid all seinen Verehrern, die sich in seinem Weisheitsgespinst verfangen haben, einen Schlag zu versetzen und dadurch Epoche zu machen: ein letztes Mal.

Hat Auristos Blancos dennoch recht? Borges schrieb, eine einzige Krebserkrankung reiche aus, die Aussicht zu vernichten, die Welt sei aufs beste eingerichtet, und *Rosalie geht sterben*, eine Gegengeschichte zu Paulo Coelhos *Veronika beschließt zu sterben*, ist neben *Unter der Sonne* jene Erzählung, die mit dem Einfall eines gottbegnadeten Moments gleich der Zukunftsvision von Gauß in der *Vermessung* auch im Mittelpunkt aller übrigen Werke Kehlmanns steht. Nach einem Gespräch mit ihrer Nichte, der Ärztin Lara Gaspard, über Gott und die letzten

Dinge reist die krebskranke Rosalie in ein Zürcher Sterbehilfe-zentrum, um ihr Leiden zu verkürzen, verstrickt ihren Schöpfer Leo Richter dabei aber in einen Schlagabtausch, der die Dialogduelle zwischen Zöllner und dem Zugbegleiter, Humboldt und Gauß bis zu einem Punkt des Grauens steigert, daß es dem Leser eine Gänsehaut über die Seele jagt.

Und Kehlmann, der Schöpfer all dieser armen Teufel in *Ruhm* und große Unsichtbare dahinter, setzt aus Mitleid die Gestalt des Taxifahrers aus dem *Fernsten Ort* und Karl Ludwigs aus *Ich und Kaminski* – wieder dünn, mit Hornbrille und fettigen Haaren – in das Auto, das Rosalie zu *Dignitas* chauffieren soll, ein geschäftiger Späher, Handlanger und Strohmann des Autors wie der Graf in der *Vermessung* und der Mann im braunen Regenmantel im *Ulysses* von Joyce: «Immer taucht doch plötzlich jemand auf, an dem man nicht im Traum gedacht hätte.» Kehlmanns Emissär setzt sie ab am falschen Ort, Richter verliert allmählich die Kontrolle über seine Erzählung, «es beunruhigt mich sehr, daß ich keine Ahnung habe, wer der Kerl am Steuer ist, wer ihn erfunden hat und wie er in meine Geschichte kommt» – die eben dadurch, daß ihm sein Mordanschlag nicht gelingt, in der Welt des Romans *Ruhm* neben seinen Erzählungen über Lara Gaspard zu seiner berühmtesten geworden ist.

Aber noch wehrt er sich und verfolgt nach Kräften seine Dickenssche Killeroperation «Tumor»: Bestenfalls «eine theologische Geschichte» soll *Rosalie geht sterben* werden – eine «lebensbejahende» indes mit aller Bestimmtheit nicht. «Laß mich leben», bittet sie, «[v]erdirb deine Geschichte», und er spricht ihr daraufhin alle Realität ab – sie bestehe doch nur aus Wörtern, Bildern, Gedanken, und die seien die seinen: «Was für kluge Dinge», gibt sie ihm zurück. «Schieb sie dir in den Arsch!» Wer hat ihr beigebracht, solche Stilbrüche zu begehen, die seine Prosa beschädigen? «Nimm dich bitte zusammen!» Was, zum Teufel, soll ich nur mit dir anfangen? fragt er sich angesichts solch vulgär vitalen Protests wie John Fowles in *The French Lieutenant's Woman*, da der seiner Figur Charles Smithson im Abteil erster Klasse nach London gegenübersitzt, *«What the devil am I going to do with you?»* – und muß, um seine Geschichte nicht zu zerstören, Rosalie aus dem ihr vorbestimmten Schicksal entlassen wie Kurt Vonnegut am Ende von *Breakfast of Champions* alle seine Figuren, die ihm stets so «treu gedient» und ihm seine literarische Karriere abgesichert haben. Dabei ahnt Richter, daß der Tod nichts weiter sein könnte als das Erwachen aus dem allseits geteilten Traum Realität, Traum eines anderen Träumers, und es kommt ihm «die absurde Hoffnung, daß dereinst jemand dasselbe für mich tun wird», was er – unter Zwang – für Rosalie getan hat. «Denn wie Rosalie kann auch ich mir nicht vorstellen, daß ich nichts bin ohne die Aufmerksamkeit eines anderen, ja daß meine bloß halbwahre Existenz endet, sobald dieser andere den Blick von mir nimmt» – Ich ist ein Wir, ist lebendig nur in den anderen, jeder sollte, wie der Strohmann des Autors lehrt, jedermanns «Schatten und Bruder» sein, und dies wäre denn auch die einzig halbwegs taugliche Erwiderung auf Iagos Rätselmaxime *Ich bin nicht, was ich bin*; was aber ist, wenn mich, wie einen Ebling, Mogroll, Mollwitz, keiner zur Kenntnis nimmt? Dann bleibt mir nur das hochbetagte Gerücht, ich selbst könnte das Geschöpf eines Jemand sein, ein phantastisches Wesen, das ein verborgener Geist sich ersann, der es trotz seiner königlichen Launen nicht allzu schlecht mit mir meint, wenn der stumpfe Wirrwarr hier endlich hinweggeträumt ist. Vielleicht lag Miguel de Unamuno richtig, als er im Roman *Nebel* «Unamuno» zu seiner Gestalt Augusto Perez sagen ließ, er könnte sich die doch etwas prekären Begleitumstände eines Selbstmords ruhig sparen, er – sein Schöpfer «Unamuno» – besorge das schon selbst, da ja auch Gott uns einfach sterben läßt, wenn er nicht mehr weiß, was er mit uns anfangen soll.

Doch welche Erniedrigung es dann auch wieder ist, lediglich die zerbrechliche Projektion eines anderen zu sein, die sich gerade wegen ihrer Zerbrechlichkeit eben noch für eine Kostbarkeit hielt: So als wollte Richter Vergeltung üben für die oberherrliche Intervention Seiner Majestät Kehlmann zugunsten Rosalies, hat er zuallerletzt seine Elisabeth wider ihren Willen – «Mach dir kein Bild von mir. Steck mich nicht in eine Geschichte» – und ausweglos in eine seiner Erzählungen hineingezwungen, wo sie in Lara Gaspard plötzlich sich selbst gegenübersteht und erleben muß, ein Trugbild wie die anderen Phantome Richters zu sein, dieses «zweitklassigen Gottes», seinen Phantasien und Launen entsprungen und unterjocht, um dann beiseite geschafft zu werden, «und es gab keine Möglichkeit mehr, ihn zur Rechenschaft zu ziehen». Todmüde fällt sie in Schlaf und sinkt mit jedem Satz, den sie denkt, in die Bodenlosigkeit, die Leo Richter ihr bereitet hat.

So einfach aber kommt Richter ihm nicht davon. «Niemand tötet einen Schriftsteller», hebt eine der früheren Geschichten Kehlmanns an, der als der allerhöchste Jemand hier daher berechtigt ist, auch mal eine Ausnahme zu machen. Und Kehlmann revanchiert sich und bringt Richter in *Leo Richters Porträt* zur Strecke: Für eine *home story* von einem Sebastian Zöllner in Alt, dem Journalisten Guido Rabenwall, mit Fragen bedrängt wie von seinem Publikum nach einer Lesung, fühlt Richter, «als stünde er hinter sich und sähe über die eigene Schulter», und dämmert – buchstäblich sterbenserschöpft – der eigenen Verflüchtigung entgegen. Er verliert seine Konturen im Halbschlaf, träumt noch seinen ersten Roman, wie *Ruhm* einer ist, geht in jenes andere Wesen über, das die Öffentlichkeit mit ihren Fragen aus ihm fabriziert hat, und hört, ein lächerlicher Spuk, zu existieren auf ... wenn auch nur für diese eine Nacht.

Er wird, versichert Kehlmann, zurückkehren, wenn sein Schöpfer ihn wieder braucht. Im *Fernsten Ort* war es noch ein bloßes Ideenkonstrukt, man müsse unsterblich sein, da man sich lebend nicht tot denken könne; in der Welt und Geschichte von Kehlmanns Werk seit *Ruhm* und *Leo Richters Porträt* aber ist der Tod nicht mehr Tod und liegt das Königreich im Meer, das Nabokovs Gospodin sich ersehnte, nah und offen ausgebreitet vor uns da, als wäre es Kurt Gödel gelungen, die Existenz Gottes, der Engel und Gespenster zu beweisen – alles, wie in Kehlmanns *Geister in Princeton* zu lesen ist, was man widerspruchsfrei denken kann, existiert; und Literatur schenkt diesem Gedanken ihre ganze, souveräne Realität.[55]

Wie finster der Wald

Mit Kehlmann, Borges, Proust, Nabokov, García Márquez, Roth und Henry James leben und arbeiten so viele von uns im Dunkeln. Wir tun, was wir können, *we struggle and we scrape*, und geben, was wir nur irgend haben. Unser Zweifel dabei – an uns selbst, an unserem Können, unserer Kraft, dem Geleisteten –: dieser Zweifel ist unsere große Leidenschaft, die uns quält, uns aufzehrt und uns dennoch weitermachen läßt. Wir werden sterben müssen, werden *ohnehin* sterben – also sind wir, wie Imre Kertész sagt, verpflichtet dazu, kühn zu denken. Wir sind zum Lachen und zur Phantasie begabte und unserer Toten gedenkende Tiere und uns mit Recht für den Tod zu schade, *das* macht uns aus, und je mehr an nur vermeintlich abgestorbenen Ideen, Trostworten, Glückseinfällen und Romanfinessen der Jahrhunderte wir in uns tragen, desto leichter tragen wir auch an uns selber wie jener alte, einsame Wanderer, der, verloren in tiefer Nacht, sich selber gut zuzureden vermag, um nicht in den Abgrund seiner eigenen Angst zu stürzen. Schriftsteller, auf die es ankommt, schreiben nur deshalb: Sie teilen ihre Einsamkeit mit uns, reden uns gut zu, und wenn wir sie lesen, wo auch immer wir sind, so ist es doch, als entzündeten wir ein Streichholz, nur um erkennen zu müssen, wie finster der Wald ist, der uns eingeschlossen hält. Lassen wir jene schnellfertigen Psalmisten des Nichts, nach denen ein jeder von uns für den Tod gerade genug ist, einmal beiseite und am Wegrand liegen, dann ist es dieser Augenblick aber, da für jeden auch die Sorge erlischt, daß es nichts über diesen Wald hinaus geben könnte, ein Geisterkomitee vielleicht, das über unsere Geschicke wacht, oder einen Gott, den alle Literaturen der Welt aller Zeiten von Anbeginn aus diesem Wald heraus beschworen haben und der keiner rationalen Begründung bedarf, kommt es zu unserem Ende.[56]

VIII DER ZERSCHLISSENE VORHANG

F

Dein Name sei Niemand

Plötzlich ist er verschwunden. Eben noch hat der scheinbar ungerührt erfolglose Schriftsteller Arthur Friedland mit seinen drei jungen Söhnen, Martin und den eineiigen Zwillingen Eric und Iwan, ungläubig die Vorstellung eines irisierenden Hypnotiseurs bestaunt, der ihn wider seinen Willen auf die Bühne holte und in einem kehlmanntypischen Rededuell davon überzeugte, daß er angesichts der erbärmlichen Endlichkeit jedes Daseins, «alles verrotte, alles sterbe ab», ein ganz anderes, zweites Leben führen könnte. «‹Ich bin nicht glücklich.› / ‹Warum halten Sie noch aus?› / ‹Was soll man denn tun!› / ‹Fliehen?› / ‹Man kann nicht dauernd fliehen.› / ‹Warum nicht?›»

Und Friedland macht sich, Zieladresse unbekannt, einfach wie für immer davon, ohne Koffer, doch mit Reisepaß und all dem Geld von den Konten, das seine Gattin, von Beruf Augenärztin und bald Fernsehratgeberstar, für die Familie erarbeitet hat. In jener anderen Welt jenseits des Kerkers aus Zwang und Durchschnittlichkeit, den Arthur Friedland hinnahm wie gottgegeben, verfaßt er mit seinen verwitterten Händen gelassen und kalt jene Bücher, denen der Name «Arthur Friedland» seinen Weltruhm verdankt. Und ahnungsvoll verängstigt werden seine Söhne Martin, Eric und Iwan, kaum erwachsen und ein «jeder verstrickt in sein eigenes Unglück», darin nachlesen können, was ihnen blüht.

Bereits sein erstes Werk nach seiner Flucht schreibt Arthur Friedland im Grunde nicht – er verübt es gleich einem Mord und scheint damit teilzuhaben am Bösen, das er zu seinem eigenen Guten beschwört. «Zweckfreies Produkt eines spielenden Geistes», kommt das Romandelikt «Mein Name sei Niemand» als spöttischer Angriff auf die Seelen seiner Leser daher: Das Buch schildert nach Bildungsromanmanier die Lebensreise eines Jünglings wie du und ich, dessen Namen Friedland kafkaesk zu dem Buchstaben «F» verstümmelt hat. Denn jedes sogenannte Ich, dekretiert Friedland darin mit wenig Bedauern, sei ein Provisorium, leer im Grunde, bilde ein von sich rasch verflüchtigenden Eindrücken gefülltes, zum Sterben verurteiltes Nichts wie der Tod selbst, der es unduldsam gefräßig erwartet. Und so nachdrücklich Kehlmann in seinem bisherigen Werk dieser grellen Negativität widersprach – als ein Buch im Buch und «labyrinthischer Albtraum» mit all dem Zickzackgewirr sich häufender Unstimmigkeiten kommentiert «Mein Name sei Niemand» seinen eigenen Roman F von 2013, einen episch breiten, drei Jahrzehnte und Generationen umfassenden *page turner*», dessen wie hinter den Kulissen lauernder Schöpfer Arthur Friedland sein könnte, aber natürlich zuletzt Daniel Kehlmann selber ist.

Ehe es dieses Buch gab, konnte man sich unbedarft über die eigenen Ängste hinwegtäuschen und über die Schönheit, die einem jede Sekunde geboten hätte, wenn man nur bereit gewesen wäre, sich seinen Ängsten zu stellen. Niemals zuvor war Kehlmann einfühlsamer, ermunternd heiterer, unbeschwerter und dann wieder gefahrvoll bedrohlicher als in F. Der Roman gleicht einer Geisterbahn: Man fürchtet sich und hat auch noch Eintritt dafür bezahlt. Selten empfand man sich seinen Gestalten derart nah und verwandt, ja wie in deren ureigener Haut – und deshalb setzt Kehlmann wider jeden etwaigen Anhauch von Sentimentalität auch nur einen kargen Buchstaben in den Titel, der zunächst, als wär's lediglich ein Familienroman, für «Familie» im Allgemeinen und für die Friedlands im Besonderen steht – doch auch für «Fälschung», für Lüge und Betrug.

Denn alle drei Söhne Friedlands schwindeln sich durchs Dasein, auch um jener Mittelmäßigkeit zu entrinnen, vor der ihr Vater einst floh, und dem «kurzen Tag zwischen zwei endlos langen Nächten», Leben geheißen, etwas Bedeutsamkeit abfordern zu können. Martin vermag, obwohl Priester, nicht an Gottes reale Gegenwart zu glauben – ist als Pfarrer also die Unzuverlässigkeit in Person, den die Beschwerdemails seiner frömmelnden Schäfchen verfolgen wie Paparazzi einen Filmstar. Dennoch erteilt Martin in einer aberkomischen Beichtszene einem notorisch ehebrüchigen und zudem bewundernswert passionierten Onanisten die heilige Absolution – denn mit Freuden an sich selbst zu hantieren, muß Martin zugeben, war ihm nie vergönnt. Sein Bruder Eric täuscht die Klienten seiner Vermögensberatung, indem er seine Verluste als Gewinne verbucht, und Iwan malt Bilder unter dem Namen seines Geliebten, des aristokratisierenden Künstlers Heinrich Eulenböck, und ist nach dessen Tod Alleinerbe: im Grunde Alleinerbe seiner selbst, der eine Briefkastenfirma auf den Cayman Islands sein eigen nennen darf, sein imaginäres karibisches Königreich im Meer. Sebastian Zöllner aus *Ich und Kaminski*, mittlerweile zum aufgedunsenen Kritiker der *Abendnachrichten* avanciert, bezweifelt – erwartungsgemäß geschraubt und geschwätzig – Iwans Nachlaßverwalterkompetenz und die Substanz Eulenböckscher Kunst.

Keiner der Söhne Friedland würde seine Memoiren «Gerade noch einmal normal geblieben» nennen können. Martin Friedland sieht sich, seitdem ihn an jenem Tag der Hypnotiseursconférence beinahe ein Auto überfuhr, zur Hälfte gestorben und gespalten wie ein Zwilling in ein und demselben Körper: Unansehnlich und fett, quält ihn ein geradezu höllischer Hunger, der ihn sogar im Beichtstuhl süchtig zu Schokolade greifen läßt, während er durchs Gitter einen Alkoholiker gestreng zur Abstinenz ermahnt. «‹Kommen Sie in zwei Tagen wieder.› ‹ Hören Sie auf zu essen!› / ‹Ich esse nicht.› / ‹Im Beichtstuhl!› / ‹In zwei Tagen. Wenn Sie nicht getrunken haben.›» Martin beneidet Alkoholiker: Über sie werden, besetzt mit den besten Schauspielern, Filme gedreht, über Obesitätskranke wie ihn indes nie.

Die eigentlichen Zwillinge des Romans, Eric und Iwan, werden das Gefühl nicht los, daß jeder das Dasein des anderen fristet: Eric findet sich seltsam regelmäßig in die Gedankenwelt Iwans versetzt, in der Wörter auftauchen, die er gar nicht kennt. Noch als Vierzigjähriger fürchtet er sich vor der Finsternis, während sich Iwan, kaum hat er sich in Erics Träume verirrt, an einem dunklen Ort vorfindet, den kein Mensch bei Verstand aufsuchen wollte – und deshalb bettet sich Eric bereits frühmorgens kraft einer stolzen Menagerie von Antidepressiva und Beruhigungstabletten in «wattige Gleichgültigkeit» ein, sieht sich jedoch nichtsdestotrotz im Blickfeld einer versteckten Kamera und aus dem Fernseher von irgendeinem Staatssekretär überwacht. Sind es seine Tabletten, die ihm den Keller seines Hauses wie ein Jahrmarktslabyrinth ohne Ausweg erscheinen lassen? Träumt er sich nur? Fast jeder von uns hat schon einmal erlebt, wie ein Tag sich gleich einem Fieberwahn aufführte; alles ging schief, nichts stimmte. Nur daß es Eric immer so ergeht. Zum Therapeuten will er nicht mehr; er hat, sagt er sich amüsant, andere Sorgen.

Seinen lächerlich devoten Fahrer Knut nämlich würde er am liebsten um die Ecke bringen, den er aber weiterhin braucht, vielleicht um seinen Klienten Adolf Albert Klüssen eines Tages diskret verschwinden lassen zu können – durch einen «rätselhaften Herzstillstand», wer weiß? –, da dieser Klüssen Erics Finanztransaktionen nicht mehr mittragen will. Im Keller erblickt er eine gebogene Metallstange, die eben noch nicht vorhanden war, und ihr begegnet, verwirrenderweise, Jahre später auch seine Tochter Marie im Labyrinth eines Jahrmarkts wieder. Nach einem Telefonat mit Eric überrascht Iwan drei Jugendliche dabei, wie sie zäh auf einen vierten eintreten, mischt sich ein, wird erstochen und verblutet in seinem Geheimatelier, den Schatten eines Vogels aus seiner Volksschulzeit im Blick; «ich könnte ihm ja auch hinterher», denkt er sich noch, «ich möchte so gerne wissen» – und das Kapitel bricht ab. Was wollte er wissen? Wie es durch die Augen eines Vogels im Himmel und wie durch die Augen eines Vogels vom Himmel her die Erde aussieht.

Doch zu den schrecklichsten Niederträchtigkeiten dieses an Motiven der «horror fiction» so reichen Romans gehört, daß Iwan als etwaiger Zeuge den Schlägern seinen Namen verschweigen wollte, sich darum, plötzlich eingedenk des väterlichen Romans, «niemand» nennt – und trotzdem erstochen wird, während «Mein Name sei Niemand» bald nach seinem Erscheinen die Leser derart hypnotisierte, daß manche sich freiwillig ihr Leben nahmen. Es ist, als wäre Iwan im Roman seines Vaters bereits gestorben, der ebenfalls «mitten im Satz» abbrach – als hätte Arthur Friedland den Tod seines ihm liebsten Sohnes vorausgeahnt, wenn nicht gar vorgeschrieben und vorgedruckt. Ron, einer der Täter, beichtet Martin, was geschah; der spricht ihn los von seiner Sünde und wird niemals erfahren, daß das Opfer sein eigener Bruder war. Ron ist am Ende sein Ministrant. Der Allmächtige bleibt Martin weiterhin fremd; Eric indes konvertiert, von Gott – meint er – durch die Finanzkrise seit 2008 gerettet, zum Katholizismus.

Wem bei all diesen Farcen, Verrücktheiten, Unstimmigkeiten nicht der Kopf schwirrt, hat keinen. Was, «um Gottes willen», ist hier nur los? Weshalb erkundigt sich Eric bei seinem Priesterbruder Martin, ob im Seelsorgeprogramm der katholischen Kirche noch Exorzismen vorgesehen seien? Warum muß Adolf Albert Klüssens Vater ausgerechnet den merkwürdigen Zwischennamen «Ariman» tragen und ein Vertrauensbeweis mit einem Handschlag gleich einem Pakt besiegelt sein? Und wieso ist es in dieser Welt immer so heiß? Nur weil der Sommer gerade seine «gnadenlose Phase» erreicht hat?[57]

Der Fürst verneigt sich und foltert

Anders wußte sich Gott nicht zu helfen: Sein höchster und schönster Erzengel, Luzifer, «Sohn des Morgenrots», hatte sich, weil er dem Allmächtigen gleich sein, ja an dessen Stelle treten wollte, samt anderem geflügelten Gelichter aus selbstherrlichem Stolz gegen ihn verschworen, der ihn dafür aus den himmlischen Gefilden nach unten stieß. Mit immer größerer Geschwindigkeit raste er dem Planeten entgegen, nahm flugs an Häßlichkeit zu, während die Atmosphäre um ihn herum toste, schlug beim Aufprall – wie ein siebentausendkarätiger Diamant von Grapefruitgröße in eine Hochzeitstorte – einen riesigen Krater in die Erde und fiel dann weiter zum Mittelpunkt des Globus, der, als «die Hölle» geläufig, von nun an sein klägliches Zuhause war. Eben noch hatte er sich im Garten des Herrn inmitten feuriger Steine ergangen, Topas, Saphir, Malachit. Und jetzt das.

Aber wer hätte gedacht, daß Putschversuch und Himmelsfall ihm auf Dauer nicht zum Schaden gereichen sollten? Lange vor der Reformation verödete «Gott» zu einer derart erhaben ungreifbaren Abstraktion des bloßen Guten, daß es über «Ihn» beim besten Willen nichts mehr zu erzählen gab. Er verbarg sich und schwieg. Schon in seiner *Göttlichen Komödie* kamen Dante, angefangen bei ewigem Hunger und Durst, fürs Inferno unendlich findige Martermethoden in den Sinn, für Gott jedoch lediglich langwierige Hochherzigkeiten wie die, «Er» ruhe in sich, verstehe sich und lache sich selber verstehend zu. Gottes Widersacher indes fielen, von der Spätantike bis weit in die Neuzeit hinein, stets althergebrachte und neue Rollen, Verkleidungen, Geschichten und Namen zu, Ahriman und Belial, Lucibel und Mastema, Satan und Satanael, Schaitan und Urian. In welcher Gestalt auch immer: dieser Fürst der Finsternis ließ auch leibhaftig mit sich reden, bot – wenn auch zu Höchstpreisen – gewinnbringende Pakte an, die man bis zu Adrian Leverkühn in Thomas Manns *Doktor Faustus* kaum ausschlagen konnte. Der Fürst verneigte sich so höflich wie schelmisch und humpelte bocksfüßig und frohgemut davon: Eine Seele zum Foltern war ihm, mittlerweile leichtgewonnene Routine, sprichwörtlich «nach Schema F», für später gewiß.

Luther warf nach dem Teufel mit einem Tintenfaß; doch mit diesem Gedankenfossil aus den Schummerstunden des Mittelalters und Phantom im alltäglichen Sprachgebrauch – «Dich soll der Teufel holen»; «Den Teufel werde ich tun» – rechnet heute kaum einer mehr. Mag es, wie der hinterlistige Katholik Charles Baudelaire spitzfindig räsonierte, die größte List des Teufels sein, uns davon überzeugt zu haben, daß es ihn nicht gibt, um sein Vernichtungswerk desto unbehelligter verrichten zu können: manche geraten vielleicht noch aneinander, wenn sie, mit all den Übeln auf Erden konfrontiert, diskussionsweise um Gottes wahres Wesen würfeln und um die Rechtfertigung seiner Existenz; doch wer würde in unserem wissenschaftsergebenen Jahrhundert Naturkatastrophen wie einen

Tsunami allen Ernstes Satans Wirkung zusprechen wollen, wer den Tod eines Kindes oder eine Krebsdiagnose, «unheilbar», auf Papier wie notariell vom Onkologen beglaubigt? «Schicksal» sagt man dazu, nicht von außen verhängt, «Zufall», und spricht widersprüchlich vom «Prinzip der Kontingenz» wie die Gnostiker von «dunklem Licht»: Es wird wohl ein theologiebenachbartes Mysterium der Logik bleiben, daß man die Prinzipienlosigkeit schlechthin, den Zufall, zu einem Prinzip umtaufen kann.

In Kehlmanns Welt bald sorgsam, bald unentschieden intuitiv konstruierter Zufälle ist die Hölle samt Personal darum zugleich real und ein Emblem für die Tatsache, daß mir zustieß, was dir erspart geblieben ist – ernüchtert weltlich und im selben Atemzug vom Taumel metaphysischer Phantasien erfaßt. Es gehört zu seiner Kunst, keiner Deutung den Vorzug geben, sie nebeneinander bestehenlassen zu wollen – so als wäre kaum eine Sekunde vergangen zwischen dem Augenblick, da der Prophet Jesaja Luzifer aus den Wolken geworfen sah, und dem schlicht rationalen Gedanken, die Kontingenz hätte sich der Wurzel allen Seins und Werdens bemächtigt. Das Rom vor Christi Geburt glaubte Zeus verkleidet durch die Straßen wandeln zu sehen; nachdem das Christentum zur Staatsreligion und dessen Gott zu dem aller erklärt worden war, wurde Zeus als erfunden abgetan und zu einer mythischen Gestalt. Das, was uns vor Jahrhunderten noch als die Wirklichkeit schlechthin gegolten hat, kommt uns heute phantastisch vor; ebenso wird uns künftig als phantastisch erscheinen, was gegenwärtig unhinterfragt unsere Realität ausmacht. Und sprechen wir nicht immer noch vom «Sonnenuntergang», obwohl sich dieser Feuerball nach Kopernikus längst nicht mehr um die Erde dreht? Wissen wir denn, fragte Borges, «mit Sicherheit, ob das Universum ein Beispiel für phantastische Literatur oder für Realismus ist»?

Gleich wie Hieronymus Bosch auf seinem Altartriptychon von der *Versuchung des heiligen Antonius* dem Teufel eine wildernde Selbständigkeit gönnt, feiert Kehlmanns Roman ein infernalisches Fest, dessen tragische Absurditäten sein Humor nur zu noch zu steigern weiß. Hier ist der Vorhang zwischen der dies- und der jenseitigen, zwischen Ober- und Unterwelt teils zerschlissen, teils zerfetzt: Die dumme, dumpfe Kontingenz stürmt wie ein Monsterheer durch die Löcher und Spalten und wirft sich zum Fundament des Universums auf, das die einst so harmonisch gedachte Weltordnung grausam widersinnig entstellt und uns – in den Worten Rudyard Kiplings – «aus dem unerforschlichen Dunkel genüßlich zu Tode drückt». So sorgt die Kontingenz auch in Arthur Friedlands Roman «Die Stunde des Jägers» dafür, daß ein Detektiv die gräßliche Bescherung eines an sich einfachen Mordfalls nicht zu entwirren imstande ist, und je länger das variantenreich verzweigte Leben des Helden in Friedlands «Die Mündung des Flusses» dauert, desto «mehr Wege führen zu Krankheit, Unfall und Sterben, nur ganz wenige zu hohem Alter». Und schließlich alle zum Tod.

Fühlten sich Kehlmanns Geschöpfe einst – Julian im *Fernsten Ort* etwa oder Carl Friedrich Gauß in der *Vermessung* – nie ganz von dieser Welt, um in einem Spektakel chargieren zu müssen, das ihnen von Anbeginn irreparabel verfehlt erschien, drängelt in F, Kehlmanns erstem Opus magnum und *summa summarum* seines Kosmos, ein Monstrengetümmel aus dem Inferno, um Diesseits und Jenseits in eins zu zwingen. Gott gibt es hier nur mehr als dessen Negation, wie wenn *er* nicht mehr an die Menschheit glaubte, während sie fröhlich wähnt, seiner entbehren und ihn zum restlichen Spukgerümpel auf den Dachboden abgenutzter Traditionen werfen zu können. Wo der Glaube an Gott keiner Sinnsuche mehr gefällig ist, hat das Grundvertrauen, das wir einmal in uns und die Welt setz-

ten, ausgespielt. Du hast, scheint der Roman dem Leser para-
dox zu versichern, keine Chance mehr – also nutze sie.[58]

Das Grab in den Sternen

Sei es García Márquez oder Toni Morrison: sie glauben weder an den Teufel noch an Gespenster, doch fürchten sie sie.
Und die Nähe der Hölle ängstigt auch Martin Friedland besonders; als ein Theologenkollege einen anderen bei der Feier von
Martins einundzwanzigstem Geburtstag fragt, ob es «diese
Hölle» denn gebe, erwidert der, geben müsse es sie, doch «leer
könnte sie sein» und tobe sich hier oben aus, vor allem in unseren Träumen. «Na dann», versetzt Martin ironisch, gehe er
jetzt schlafen – und sieht sich in der Straßenbahn prompt dem
Teufel gegenüber, zerlumpt, mit wucherndem Bart, scharfem
Blick und Blut, das ihm aus der Nase rinnt; fest krallt er
seine Fingernägel, die Zähne fletschend, um Martins Knöchel,
spuckt und faucht. Als Eric nach seinem Kellerbesuch das
Haus verläßt, kauert an der Mauer «ein struppiges Fellwesen»
und sprengt auf seinen Bocksfüßen davon. Auch Iwan wäre
dem Gottseibeiuns in Gestalt einer Frau an einem Wühltisch
zehnjährig beinah in die Fänge geraten und versteckte sich in
der Elektroabteilung hinter einem Kühlschrank.

Ein gutes Versteck. Denn in F drückt die Hitze der Hölle fast
die Fenster ein und verflüssigt den Asphalt, warnen ver-
schlampt zerstreute Geister Eric – «Misch dich nicht ein, geh
weiter» – und nicht Iwan vorm Tod, kann Eric gleich seiner
Tochter Marie in der Dachkammer Gespenster und Dämonen
sehen und führt Arthur Friedland in der knappen Erzählung
«Familie» seine ganze Sippe, der Menschheitsgeschichte entlang, auf einen Magnetiseur, einen Alchimisten, einen Magier,
der fliegen konnte, eine kinderfressende Hexe und auf jenen

einbeinigen Ahnherrn zurück, der sich ein langes Leben wünschte und daher einen Pakt mit dem Teufel schloß, der ihm dafür ein Auge ausriß. «Vielleicht war es so», wie die Erzähler abends auf dem *Djemaa el Fna*, dem «Platz der Geköpften», in Marrakesch ihre Märchen beginnen, «vielleicht aber auch nicht»: Ob wir das, was uns zustößt, einem unirdischen, uns feindlichen Irgendwer zuschreiben wollen oder einem achselzuckend gleichgültigen Prinzip, bekümmert Kehlmann nicht. Er schreibt weder wissenschaftliche Abhandlungen noch theologische Traktake, sondern Literatur, und so steht der Romantitel F am Ende für «Fiktion».

Arthur, der kaminskihaft teufelsverwandt sardonische Gaukler von einem Schriftsteller, wird die ganze Familienchronik erfunden haben – eine Hölle ist das Dasein für seine Familie allemal. Und so läßt Kehlmann am Schluß, da Martin eine Totenmesse für Iwan liest, Schnee fallen über das unbefriedete Land seines Friedlandromans und löscht das bengalisch geschürte Feuer seines Infernos. Iwan war der einzige unter ihnen, der die «erschreckende Schönheit der Dinge» zu schätzen wußte, und hat, als er im Atelier starb, in der Erinnerung an die Reise seiner Familie nach Marokko noch einmal ein Lichtmeer über der See erblickt und dabei sein Grab in den Sternen gefunden, die Erics Tochter Marie so liebt. In ihr lebt er, der wie ein Vogel in den Himmel verschwand, glücklich und neugierig fort.[59]

ANMERKUNGEN

Jedes Werk wäre undenkbar ohne das Werk anderer, die – so hofft wie fürchtet man – das eigene Ich mit einem teilen; obgleich sich erste Ansätze zu diesem Essay bereits in *Daniel Kehlmanns unheimlicher Kunst* und *Niemand wird jemals sterben* des Verfassers finden, so weiß er sich mehr denn je Brian Boyds zweibändiger Biographie Vladimir Nabokovs, Sheldon Novicks *Henry James*, Michael Maar und dessen *Solus Rex*, Peter von Matt und dessen *Intrige*, Karl Heinz Bohrer, Dieter E. Zimmers Anmerkungen und Nachworten in den *Gesammelten Werken* Nabokovs und dem Gesamtwerk von Jorge Luis Borges und Henry James dankend verpflichtet. Ohne die vielen Gespräche mit Daniel Kehlmann, auch sie eine Form des Glücklichseins, wäre das Buch nicht entstanden. Ihnen wurden die Details aus seiner Biographie und Zitate entnommen, die in den Anmerkungen nicht eigens angeführt sind. Dank schuldet der Verfasser nicht zuletzt seiner Frau, seinem Lektor Thorsten Ahrend, den Studenten in seinen Seminaren und Vorlesungen an den Universitäten in Innsbruck und in Saarbrücken zu Kehlmanns Werk und der «Literatur des Grauens» – und seiner Mutter: Ihr gehört, gemeinsam mit «*the Others*», den «Anderen», Toten, die uns alle so fehlen, dieses Buch. Vielleicht sind sogar *sie* es, die *uns* betrauern.

* Nabokov *Gesammelte Werke*, hg. von Dieter E. Zimmer, Reinbek bei Hamburg 1989 ff. (wie bei Borges, Dürrenmatt und Thomas Mann von nun an abgekürzt als GW), Bd. 14, S. 322, und Bd. 4, S. 9 und 258, und Stoppard *The Invention of Love*, New York 1998, S. 1. *Ultima Thule* ist das erste Kapitel eines von Nabokov um 1940 aufgegebenen Romans, der zusammen mit dem ebenfalls verworfenen zweiten, *Solus Rex*, dann in *Fahles Feuer* und das Königreich Zembla Eingang fand, und Pierre Delalande ein zunächst für den Roman *Die Gabe* von 1937 erfundener Philosoph. Dessen Sentenz aus dem natürlich ebenso

imaginären *Discours sur les ombres* steht als Motto Nabokovs *Einladung zur Enthauptung* von 1938 voran.

1 Nabokov GW 9, S. 167, GW 10, S. 72 f., GW 14, S. 300–345, und GW 22, S. 20 und 47, Michael Maar *Solus Rex: Die schöne böse Welt des Vladimir Nabokov*, Berlin 2007, S. 65–69, *The Cambridge Companion to Vladimir Nabokov*, hg. von Julian W. Connolly, Cambridge 2005, S. 164 f., und *Henry James*, von dem Nabokov mehr hat, als er öffentlich zugeben wollte: Vgl. Nabokov GW 20, S. 107, und GW 23, S. 122 f., 400, 406, 464 und 591, *Henry James Notebooks*, Chicago 1981, S. 164 f., *The Altar of the Dead, Complete Stories 1892–1898*, New York 1996, S. 450–485, und die in den *Aspern-Schriften* versprochenen «Gärten im Meer», *Complete Stories 1884–1891*, New York 1999, S. 243. Ganze Absätze vor allem der *Aspern-Schriften* könnten von Nabokov verfaßt sein. Eine ähnliche Konstellation wie in *Ultima Thule* findet sich auch in Nabokovs *Bastardzeichen*, GW 7, S. 10.

2 Vgl. Fred Kaplan *Henry James: The Imagination of Genius*, Baltimore 1999, S. 563, William James *Writings 1878–1899*, New York 1992, S. 1112, Brian Boyd *Vladimir Nabokov: Die russischen Jahre 1899–1940*, Reinbek bei Hamburg 1999, S. 23 f., 217 und 500 f., und *Vladimir Nabokov: Die amerikanischen Jahre 1940–1977*, Reinbek bei Hamburg 2005, S. 162 f.

3 Kehlmann *Unter der Sonne*, Frankfurt am Main 2000, S. 109–115, und *Die Vermessung der Welt*, Reinbek bei Hamburg 2005, S. 282, Nabokov GW 6, S. 135, 222–233 und 289, und zu den von Kehlmann bevorzugten «*megamovies*» wie den *Sopranos*, *The Wire*, *Six Feet Under*, *Dexter* und *Mad Men* Benjamin Schwartz *The Devil's in the Details*, *The Atlantic Monthly* 304, November 2009, S. 91–98. Die zitierte Stelle aus der Schlußerzählung von *Unter der Sonne*, *Schnee*, findet ihre Entsprechung in der Lektüre des Romans *Die zweifelhafte Asphodele* von Nabokovs Sebastian Knight, dessen Leser sich «über ein nebelhaftes Bett» – das Bett eines Sterbenden – beugen und glauben, nun gleich zu erfahren, was es mit dem Tod auf sich hat.

4 Henry James *The Figure in the Carpet*, *Complete Stories 1892–1898*, a. a. O., S. 572–608, sowie *The Author of «Beltraffio»*, *Complete Stories 1874–1884*, New York 1999, S. 873 und 876, und *Literary Criticism: Volume One*, New York 1984, S. 1233, Michael Maar *Die Glühbirne der Etrusker: Essays und Marginalien*, Köln 2003, S. 120–123, und zur Lösung des Vereker-Rätsels auch John Auchards *Introduction* zu *The Portable Henry James*, New York 2004, S. xxx–xxxiv. Oscar Wildes Lord Henry Wotton «würde gern einen Roman schreiben, […] der so köstlich [lovely] wäre wie ein Per-

serteppich und ebenso unwirklich». Wilde *The Picture of Dorian Gray,
Complete Works*, London 2003, S. 44, und *Das Bildnis des Dorian Gray*,
München 1984, S. 50.

5   Vgl. zur Suche literaturferner Ursachen für Kehlmanns Erfolg etwa
    Marius Mellers Essay *Die Krawatte im Geiste* von 2007 in *Daniel Kehlmanns
    «Die Vermessung der Welt»*, hg. von Gunter Nickel, Reinbek bei Hamburg
    2008, S. 127–134, der ein «neues Bildungsbürgertum» die *Vermessung*
    lesen sieht, also davon ausgeht, «das Bildungsbürgertum» sei eigent-
    lich, sei irgendwie schon ausgestorben und mit der *Vermessung* in Hän-
    den zu einem zweiten Leben erwacht, und dagegen Tilman Krause in
    Kaufen! statt Lesen! Literaturkritik in der Krise?, hg. von Gunther Nickel,
    Göttingen 2005, S. 39, und Stefan Neuhaus *Literaturvermittlung*, Wien
    2009, S. 37–42, der bezweifelt, daß es jenes «Bildungsbürgertum»
    Mellerscher Gemütsart je gegeben hat. Die Gewohnheit, Kehlmanns
    Werk nach außerliterarischen Kriterien zu beurteilen, prägte dann
    auch wieder die feuilletonistische Aufnahme von *Ruhm* 2009; dazu
    summarisch Felicitas von Lovenberg *Der Ruhm und die Rüpel, Frankfurter
    Allgemeine Zeitung* 41, 18. 2. 2009, S. 27.

6   Kehlmann *Die Kunst der Vorleser, Ruhm, gelesen von Nina Hoss und Ulrich
    Matthes*, Berlin [Deutsche Grammophon] 2009 (unpaginiert), und *Ver-
    lorenheit und Glück* [zum Tod John Updikes], *Frankfurter Allgemeine Zei-
    tung* 24, 29. 1. 2009, S. 31, und Nabokov *Selected Letters 1940–1977*, San
    Diego 1989, S. 116 f., GW 8, S. 415, GW 10, S. 34 f., und GW 16, S. 186.

7   Kehlmann *Unter der Sonne*, a. a. O., S. 37–56.

8   Henry James *The Madonna of the Future, Complete Stories 1864–1874*, New
    York 1999, S. 730–766, *The Middle Years, Complete Stories 1892–1898*,
    a. a. O., S. 338 und 354, Oscar Wilde *Das Bildnis des Dorian Gray*, a. a. O.,
    S. 64, und Bob Dylan *All Along the Watchtower* (1968), *Lyrics 1962–2001*,
    Hamburg 2004, S. 442.

9   Vgl. «the ache of fear» (der körperliche Schmerz der Angst vorm und
    beim Schreiben): Henry James *Literary Criticism: Volume Two*, New York
    1984, S. 1040, *Notebooks*, a. a. O., S. x f., xviii, 106, 110, 133, 157 f., 179
    und 339, *The Figure in the Carpet, Complete Stories 1892–1898*, a. a. O.,
    S. 591 f., *Literary Criticism: Volume One*, a. a. O., S. 319, Sheldon M. No-
    vick *Henry James: The Major Master*, New York 2007, S. xix, Borges *Ge-
    sammelte Werke* (GW), München 1999–2009, Bd. 4, S. 196, Oscar Wilde
    Das Bildnis des Dorian Gray, a. a. O., S. 153, Roland Barthes *Die Vorberei-
    tung des Romans*, Frankfurt am Main 2008, S. 212, und Jean-Yves Tadié
    Marcel Proust: Biographie, Frankfurt am Main 2008, S. 9, 12, 14 f., 81, 89,
    464 und 756.

10 Kehlmann *Mein Werdegang*, Frankfurter Allgemeine Zeitung 264, 12.11. 2005, S. 33, *Vier Kritiker und ein Höllenfall* [zu Roberto Bolaños Roman 2666], *Frankfurter Allgemeine Zeitung* 238, 14.10. 2009, S. L 9, und Thorsten Ahrend *No more dogs! Erfahrungen mit Daniel Kehlmann*, Text + Kritik 177: *Daniel Kehlmann*, hg. von Heinz Ludwig Arnold, München 2008, S. 69–71, Matthias Claudius *Sämtliche Werke*, Darmstadt 1980, S. 217 f., Joseph von Eichendorff *Waldesgespräch, Abend, Stimmen der Nacht, Sämtliche Gedichte*, Frankfurt am Main 2006, S. 86, 255 und 436, und Roberto Bolaño *Die wilden Detektive*, München 2002, S. 262.

11 Kehlmann *Diese sehr ernsten Scherze: Poetikvorlesungen*, Göttingen 2007, S. 8, wiederabgedruckt in Kehlmanns Essayband *Lob: Über Literatur*, Reinbek bei Hamburg 2010, S. 125–168, *Der gute Mensch von Augsburg* [zu Bertolt Brecht], *Süddeutsche Zeitung* 167, 19.7. 2008, S. 17, Kehlmann / Sebastian Kleinschmidt *Requiem für einen Hund: Ein Gespräch*, Berlin 2008, S. 108 f., und Dürrenmatt *Gesammelte Werke* (GW), Bd. 6, Zürich 1991, S. 36 f. Für die von Fritz Stern schon 1961 diagnostizierte «Pathologie deutscher Kulturkritik» sind die Tagebuchnotizen von Grass 1990 charakteristisch: Die «Themen Auschwitz, deutsche Frage, Waldsterben» gehören bei ihm zusammen, die Wiedervereinigung erscheint ihm in ihrer «Blitzkriegmentalität» wie der Überfall des Dritten Reiches auf Polen, nur «diesmal friedfertig»; sehr strategisch will er «versuchen, in der Frankfurter Rede [*Schreiben nach Auschwitz*] das angebliche Recht auf deutsche Einheit im Sinne von wiedervereinigter Staatlichkeit an Auschwitz scheitern zu lassen». Grass fürchtet sich im selben Jahr (1990) vor einem geplanten Besuch im ehemaligen Konzentrationslager Treblinka; bei der Teilnahme an der von Elie Wiesel organisierten Konferenz «The Anatomy of Hate» in Oslo sind ihm dann allerdings «amerikanische Juden und Israelis [...] allzu aufdringlich in der Überzahl». Vgl. Grass *Unterwegs von Deutschland nach Deutschland: Tagebuch 1990*, Göttingen 2009, S. 7, 26, 141, 151, 163 und 167, Fritz Stern *Kulturpessimismus als politische Gefahr*, Stuttgart 2005, bes. S. XI–25, Joachim Fest *Nach dem Scheitern der Utopien*, Reinbek bei Hamburg 2007, S. 52–63 und 205–227, und Malte Herwig *Die Flakhelfer: Wie aus Hitlers jüngsten Parteimitgliedern Deutschlands führende Demokraten wurden*, München 2013, S. 211–241.

12 Borges GW 4, S. 281, Nabokov *Die Kunst des Lesens: Meisterwerke der europäischen Literatur*, Frankfurt am Main 1991, S. 34, 98 f. und 313, GW 8, S. 84 und 514, GW 16, S. 110 f., GW 20, S. 72, 110 und 213, und GW 21, S. 32 und 47, und Marcel Reich-Ranicki / Peter von Matt *Der doppelte Boden*, Zürich 1992, S. 79–82.

13 Kehlmann *Diese sehr ernsten Scherze*, a. a. O., S. 14, Vargas Llosa, *Cicero* 7,
2006, S. 142, *Daniel Kehlmanns «Die Vermessung der Welt»*, hg. von Gunther Nickel, a. a. O., S. 34, Georg Diez *Beruf: Schriftsteller. Wie Kathrin
Passig und Daniel Kehlmann den deutschen Literaturbetrieb erleben*, *Die Zeit* 34,
17. 8. 2006, S. 43, und Nabokov GW 6, S. 40.

14 Kehlmann *Vorwort zu James Wood Die Kunst des Erzählens*, Reinbek bei
Hamburg 2011, S. 11–14. Vgl. zum «Gott-ist-tot-Syndrom» Northrop
Frye *The Great Code: The Bible and Literature*, San Diego 1983, S. xix, zu
den Analogien zwischen Bonvard und Nabokov, Kehlmann und Kramer Nabokov GW 22, S. 45, 104, 348, 396 und 404 f., Boyd *Vladimir
Nabokov: Die russischen Jahre*, a. a. O., S. 25, 83 ff., 117 ff., 382 ff., 620 und
627, und *Vladimir Nabokov: Die amerikanischen Jahre*, a. a. O., S. 12, und
zu Nabokovs Wirkung auf Autoren Kehlmann (im Gespräch mit
Michael Maar) *«Qualität allein reicht nicht»*, *Die Weltwoche* 20, 15. 5. 2008,
S. 62, und Zadie Smith *Changing My Mind: Occasional Essays*, New York
2009, S. 52 f. und 103. Kehlmann dachte bei der Gestaltung Bonvards
neben Nabokov auch an Ernest Hemingway und Norman Mailer.

15 Vgl. Kehlmann *Beerholms Vorstellung*, Leipzig [Faber & Faber] 2008,
S. 41, 47, 52 und 133, *Mein Werdegang*, a. a. O., *Man bleibt als Erzähler immer ein Dilettant: Der Autor Daniel Kehlmann über Musterschüler und Mittel-
maß*, *Stuttgarter Zeitung* 254, 3. 11. 2007, S. 37, *Diese sehr ernsten Scherze*,
a. a. O., S. 6 f., und Kehlmann / Kleinschmidt *Requiem für einen Hund*,
a. a. O., S. 105, Gilbert Keith Chesterton *Collected Works* Bd. XVIII, San
Fransisco 1991, S. 76, Borges GW 4, S. 293, dessen *Vorwort zu Steven-
sons Insel der Stimmen*, Frankfurt am Main 2007, S. 10, und den Brief
von Henry James an Stevenson vom 31. Juli 1888 in *The Portable Henry
James*, a. a. O., S. 521, zu den Vorworten von James für die *New York Edi-
tion* Kaplan *Henry James: The Imagination of Genius*, a. a. O., S. 502–504,
und Novick *Henry James: The Mature Master*, a. a. O., S. 423 f., sowie
Tadié *Proust*, a. a. O., S. 230–233.

16 Stevenson *Treasure Island*, New York 1999, S. 3, und *My First Book*, ebd.
S. 191–200, Borges GW 3, S. 72 und 327, Nabokov GW 20, S. 60, und
GW 21, S. 87 und 167, Kehlmann *Beerholms Vorstellung*, a. a. O., S. 7, und
Diese sehr ernsten Scherze, a. a. O., S. 27. Kehlmann selber nannte *Beerholms Vorstellung* in seiner Rede vor der Mainzer Akademie einen «Roman über einen wahnsinnig werdenden Zauberkünstler», *Mein Werdegang*, a. a. O.

17 Kehlmann *Beerholms Vorstellung*, a. a. O., S. 12, 14 f., 21, 42, 44, 69–76,
98, 102, 126 f., 132–134, 137, 139–145 und 148. Für Beerholms ver-
gnügte Vaterlosigkeit hat sich Kehlmann von Sartres *Wörtern* anregen

lassen, *Autobiographische Schriften, Briefe, Tagebücher* Bd. 1, Reinbek bei Hamburg 1988, S. 12 f., der obskure Tod Ellas indes ist eine Nabokov-Referenz: In *Lolita* wird Humberts (leibliche) Mutter von einem Blitz erschlagen, vgl. Nabokov GW 8, S. 14. Zu Kehlmanns und Nabokovs jugendlichen Debüts in der Täuschungskunst: Kehlmann «*Eine wunderbar tragfähige Metapher für Kunst*», *Rare Künste: Zur Kultur- und Mediengeschichte der Zauberkunst*, hg. von Brigitte Felderer und Ernst Strouhal, Wien 2007, S. 251–253, und Nabokov GW 20, S. 29.

18 Kehlmann *Beerholms Vorstellung*, a. a. O., S. 42, 78 f., 88 f., 118, 125, 156 und 170 f., Chesterton *Collected Works* Bd. I, San Francisco 1986, S. 268, Borges GW 3, S. 182 f., Nabokov GW 8, S. 374 und 429, und GW 12, S. 188 und 511, Michael Maar *Die falsche Madeleine*, Frankfurt am Main 1999, S. 102–113, und *Solus Rex*, a. a. O., S. 66–68, sowie Palle Yourgrau *Gödel, Einstein und die Folgen: Vermächtnis einer ungewöhnlichen Freundschaft*, München 2005, S. 151–169. Daß man sich die Welt auch als bloßen Kulissenzauber denken kann, hat Kehlmann nicht zuletzt von Schopenhauer, dessen Gesamtwerk, den handschriftlichen Nachlaß miteingeschlossen, er spätestens mit achtzehn Jahren und dann sein ganzes Philosophiestudium hindurch intensiv las.

19 Kehlmann *Beerholms Vorstellung*, a. a. O., S. 16, 43, 46–49, 58–62, 86, 107–119, 133 und 147, und Malory *Die Geschichten von König Artus*, Frankfurt am Main 2006, S. 127 f. Ein Vorbild für das Nimue-Kapitel neben Malory und *Der weißen Göttin* von Robert Ranke-Graves war auch Kierkegaards *Furcht und Zittern*, hg. von Hermann Diem und Walter Rest, München 2005, S. 289–298. Würde man den gesamten Roman nur von diesem Kapitel her lesen, dann erzählte *Beerholms Vorstellung*, gut nach Max Frisch, die Geschichte einer Liebe, die an den Bildern gescheitert sein mag, die Beerholm sich von einer (realen) Gefährtin machte.

20 Kehlmann *Beerholms Vorstellung*, a. a. O., S. 104, 146 f., 160 und 167, Achim von Arnim *Werke* Bd. 6, Frankfurt am Main 1992, S. 491, Nabokov GW 7, S. 14, GW 12, S. 166, GW 20, S. 30, 181 und 334, und GW 21, S. 102 f., Peter von Matt *Die Intrige: Theorie und Praxis der Hinterlist*, München 2006, S. 282, und *Öffentliche Verehrung der Luftgeister: Reden zur Literatur*, München 2003, S. 18, und zu den Analogien zwischen *Beerholms Vorstellung* und *St. Petri-Schnee* von Leo Perutz Hans-Harald Müllers Biographie, Wien 2007, S. 251–255. Diese für den Leser ausgelegten Deutungsspuren sind auch für Nabokovs *Lolita* charakteristisch, vgl. GW 8, S. 576–580. Den – neben Librikov und van Rode – dritten Lehrmeister Beerholms entlehnte Kehlmann Hermann Burgers *Diabelli* von 1979, *Diabelli – Blankenburg: Erzählungen*, Zürich 2002, bes. S. 44.

Daß «Wirklichkeit» nur ein Traum Gottes sein könnte, den wir durch unsere Gebete in Schlaf wiegen wollen, «damit er nicht erwache und nicht aufhöre, uns zu träumen», findet sich – vor Borges und Salman Rushdie – auch in dem Roman *Nebel* von Miguel de Unamuno, München 1927, S. 171 und 307, den Kehlmann zur Zeit der Niederschrift von *Beerholms Vorstellung* allerdings nicht kannte.

21 Kehlmann *Beerholms Vorstellung*, a. a. O., S. 77 und 127, *Die Finken und die Wilden*, Charles Darwin *Die Fahrt der «Beagle»*, Hamburg 2006, S. 16, und *Diese sehr ernsten Scherze*, a. a. O., S. 5, Henry James *Literary Criticism: Volume Two*, a. a. O., S. 1181, 1183 f., 1188 und 1378, Kaplan *Henry James: The Imagination of Genius*, a. a. O., S. 413, und Novick *Henry James: The Mature Master*, a. a. O., S. 280, Borges GW 4, S. 216, Nabokov GW 6, S. 227, und GW 16, S. 164, Heinz Schlaffer *Die kurze Geschichte der deutschen Literatur*, München 2002, S. 150, Rebecca Goldstein *Kurt Gödel: Jahrhundertmathematiker und großer Entdecker*, München 2007, S. 77, 209–236 und 264, und Christian Kummer *Darwins Gott, Frankfurter Allgemeine Zeitung* 43, 20. 2. 2009, S. 35.

22 Kehlmann *Beerholms Vorstellung*, a. a. O., S. 13, 16, 18, 39, 42, 44, 51, 53, 117 und 170, Schopenhauer *Die Welt als Wille und Vorstellung: Zweiter Band, Werke* Bd. II, hg. von Ludger Lütkehaus, Zürich 1988, S. 581, Nabokov GW 10, S. 278, und Dürrenmatt GW 6, S. 77.

23 Quint und Jessel sind nach James Dämonen, «die ihre Opfer dazu bringen, sie im Mondschein tanzen zu sehen». Henry James *The Turn of the Screw, Complete Stories 1892–1898*, a. a. O., S. 635 f., 654, 659, 731 und 736, und *Das Geheimnis von Bly*, Cadolzburg 2000, S. 8 und 161, *Notebooks*, a. a. O., S. 178 f., *Literary Criticism: Volume Two*, a. a. O., S. 1182 f., 1185–1188 und 1257, Novick *Henry James: The Mature Master*, a. a. O., S. 279 f., und *Henry James: «The Turn of the Screw» – Case Studies in Contemporary Criticism*, hg. von Peter G. Beidler, Boston 1995, S. 125–296, Goethes *Erlkönig* und sein Widmungsgedicht an Caroline Herder 1782, *Gedichte 1756–1799*, Frankfurt am Main 1998, S. 261, 303 f. und 1021–1023, und zum Erlkönig als Päderasten und seinen Töchtern als Köder Nabokov GW 10, S. 211 und 501–503.

24 Kehlmann *Mahlers Zeit*, Frankfurt am Main 1999, S. 8 f., 45, 49, 78, 99, 133, 136, 141, 147 und 160, *Der fernste Ort*, Frankfurt am Main 2001, S. 43 f., 50 und 77 f., und *Beerholms Vorstellung*, a. a. O., S. 153, Nabokov GW 9, S. 25–27, und GW 14, S. 492 und 495, Boyd *Vladimir Nabokov: Die amerikanischen Jahre*, a. a. O., S. 182–185, Maar *Solus Rex*, a. a. O., S. 101–115, Poe *Werke*, hg. von Kuno Schuhmann und Hans Dieter Müller, Frankfurt am Main 2008, Bd. I, S. 42, Bd. III, S. 147 und 461,

und Bd. IV, S. 531, und Peter Sloterdijk *Die wahre Irrlehre, Weltrevolution der Seele: Ein Lese- und Arbeitsbuch der Gnosis von der Spätantike bis zur Gegenwart*, hg. von Peter Sloterdijk und Thomas H. Macho, Zürich 1993, S. 17–54, bes. S. 35. Zur Definition des *tale*-Genres bei Henry James, Poe und Stevenson vgl. die Einführung von Anthony Curtis zu «*The Turn of the Screw*» *and* «*The Aspern Papers*», London 1984, S. 7–25, und diejenige von Barry Menikoff zu den *Complete Stories of Robert Louis Stevenson*, New York 2002, S. xix f.

25 *Hiob* 38–40 und *Jesaja* 45,7, Zürcher Bibel, Zürich 2007, S. 711–715 und 988, *Gnosis: Das Buch der verborgenen Evangelien*, hg. von Werner Hörmann, Augsburg 1991, S. 261–270, Adolf Harnack *Marcion: Der moderne Gläubige des 2. Jahrhunderts, der erste Reformator – Die Dorpater Preisschrift* (1870), Berlin 2003, S. 189–227 und 249–253, *Marcion: Das Evangelium vom fremden Gott – Eine Monographie zur Geschichte der Grundlage der katholischen Kirche*, Darmstadt 1960, S. 3–35, 39–41, 87–92, 125 f., 213–215 und 268–344, Hans Blumenberg *Die Legitimität der Neuzeit*, Frankfurt am Main 1996, S. 138–149, *Arbeit am Mythos*, Frankfurt am Main 1996, S. 206–236, und *Die Genesis der kopernikanischen Welt*, Frankfurt am Main 1981, Bd. 1, S. 32 f. und 36 f., und Bd. 2, S. 440, *Weltrevolution der Seele*, hg. von Peter Sloterdijk und Thomas H. Macho, a. a. O., S. 64, 86, 91, 119, 187, 242–244, 546 und 632–638, Christoph Markschies *Die Gnosis*, München 2006, S. 25 f., 41, 74–76, 86–89, 93 und 119, Kehlmann *Beerholms Vorstellung*, a. a. O., S. 171, und *Mahlers Zeit*, a.a.O, S. 98 und 109, Thomas Mann *Gesammelte Werke* (GW), Frankfurt am Main 1960, Bd. IV, S. 39–44, Borges GW 1, S. 58 f. und 176–181, GW 2, S. 233, 311 und 314 f., GW 3, S. 43 f., 103, 112 und 346, GW 4, S. 176 f., 354 und 359, und GW 5, S. 20, 63, 211, 223, 253–257 und 273–282, und Nabokov GW 9, S. 204. Zur Rechtfertigung Gottes angesichts des Bösen in der Welt, zur sogenannten Theodizee, vgl. bereits Epikur *Von der Überwindung der Furcht: Katechismus – Lehrbriefe – Spruchsammlung – Fragmente*, München 1983, S. 136. Zur gnostischen Not, in einem von Insekten beherrschten Universum zu leben, vgl. neben dem *Fernsten Ort* und *Mahlers Zeit* dann auch *Die Vermessung der Welt*, a. a. O., S. 47, 101, 110–112, 122, 130, 136, 164, 192, 246, 264 und 279, und Kehlmann / Kleinschmidt *Requiem für einen Hund*, a. a. O., S. 11.

26 Kehlmann *Töten, Unter der Sonne*, a. a. O., S. 24–36, und *Mahlers Zeit*, a. a. O., S. 10, 17, 25, 31 f., 44–46, 49, 56 f., 62 f., 67, 76 f., 80, 84–87, 93 f., 98–101, 113, 120, 141, 151 und 157, Augustinus *Vom Gottesstaat*, München 2007, Bd. I, S. 49, und Bd. II, S. 28–32, 66–74, 122–124, 179- 190 und 209 f., William Blake *Zwischen Feuer und Feuer: Poetische*

Werke, München 1996, S. 134–137, Lord Byron *Cain. A Mystery*, *The Major Works*, Oxford 2008, S. 888 f., 891, 900, 904 f., 918 und 1017, H. P. Lovecraft *Gesammelte Werke*, Leipzig 2005 ff., Bd. 1, S. 125, 228, 268 und 284, Bd. 2, S. 12, 25, 28 f. und 93 f., Bd. 3, S. 177, 179 f. und 198 f., und Bd. 4, S. 299–302 und 234–249, Nabokov *GW* 14, S. 494, Philip K. Dick *VALIS and Later Novels*, New York 2009, S. 191, 193, 228, 249–251, 274 und 393, E. M. Cioran *Werke*, Frankfurt am Main 2008, S. 1093–1096, 1341 und 1367–1377, Dürrenmatt *GW* 5, S. 19, Karl Heinz Bohrer *Imaginationen des Bösen: Für eine ästhetische Kategorie*, München 2004, S. 9–62, und Peter von Matt *Die Intrige*, a. a. O., S. 238. Zur Welt Lovecrafts, der sein *Necronomicon* und die Namen seiner Gottheiten wie «Yog-Sothoth» gnostischen Evangelien nachgestaltet hat, Joachim Kalka *Hoch unten: Das Triviale in der Hochkultur*, Berlin 2008, S. 90–104, und Michel Houellebecq *Gegen die Welt, gegen das Leben: H. P. Lovecraft*, Reinbek bei Hamburg 2007, S. 31–33, 37, 45–47, 57, 87–89, 100, 117 und 137. Als Gegner wie auch als untergründiger Gewährsmann wirkt Markion selbst bei Joseph Ratzinger alias Benedikt XVI. nach in *Jesus von Nazareth: Erster Teil*, Freiburg 2007, S. 17 f., 30–32, 46 f., 51, 72, 123, 154, 200, 261 und 277 f.

27 Kehlmann *Der fernste Ort*, a. a. O., S. 37, 54, 59, 77, 92–95, 103 f., 125 und 141, *Unter der Sonne*, a. a. O., S. 37, und zur Sterbestatistik auch Gauß später in der *Vermessung der Welt*, a. a. O., S. 219 und 280 f., Shakespeare *Macbeth* 5.5, 22, *The Complete Works*, hg. von Stanley Wells und Gary Taylor, Oxford 1998, S. 998, Chesterton *Collected Works* Bd. XV, San Francisco 1989, S. 58, Borges *GW* 5, S. 218 f., Nabokov *GW* 10, S. 469 und 476, und *GW* 13, S. 222 f. und 241 f., und Rudolf Taschner *Zahl Zeit Zufall. Alles Erfindung?*, Salzburg 2007, S. 89 f. Zu Ultima Thule vgl. neben Goethes *König in Thule*, *Gedichte 1756–1799*, a. a. O., S. 664 f. und 1222 f., auch Eichendorff *Auf offener See*, *Sämtliche Gedichte*, a. a. O., S. 434 f. Wöllner ist übrigens auch der Vorgesetzte Bertolds in Kehlmanns Erzählung *Fastenzeit*, *Unter der Sonne*, a. a. O., S. 88–102. Wohlkalkulierte fünf Mal ist die Formel «ins Freie», fünf Mal «hinaus» über den *Fernsten Ort* verteilt, a. a. O., S. 9, 26, 64, 108, 125 und S. 60, 76, 113, 126 und 131.

28 Kehlmann *Der fernste Ort*, a. a. O., S. 9, 12, 14, 18, 34, 36, 100, 102, 122, 125, 134, 141 und 146, und *Diese sehr ernsten Scherze*, a. a. O., S. 18 f., Henry James *The Jolly Corner*, *Complete Stories 1898–1910*, New York 1996, S. 697–731, und *Literary Criticism: Volume Two*, a. a. O., S. 1259 f., William James *Writings 1902–1910*, New York 1987, S. 60, Borges *GW* 4, S. 159 f., *GW* 6, S. 184 und 189–194, und *GW* 10, S. 36, und Alberto

Manguel *With Borges*, London 2006, S. 53 f., Nabokov *Einzelheiten eines Sonnenuntergangs (Katastrofa)*, GW 13, S. 184–195, GW 14, S. 308 und 406, und GW 22, S. 286, und Michael Maar *Leoparden im Tempel*, Berlin 2007, S. 94. Ähnlich der Roman *Zwischen neun und neun* von Leo Perutz, vgl. Hans-Harald Müllers Biographie, a. a. O., S. 110–113, und Kehlmann (im Gespräch im Gespräch mit Michael Maar) «Qualität allein reicht nicht», a. a. O., S. 65. Zum Zweig aus Gold Vergil *Aeneis* VI, 124–155, hg. von Edith und Gerhard Bender, Stuttgart 2001, Bd. 3, S. 86–89 und 201 f. Das Gespräch zwischen Julian und Wöllner im Keller des Nachtlokals, *Der fernste Ort*, a. a. O., S. 124 f., ähnelt im Ansatz dem ersten zwischen Humbert Humbert und Clare Quilty in *Lolita*, Nabokov GW 8, S. 206 f.

29 Kehlmann *Der fernste Ort*, a. a. O., S. 41, 69 f., 77, 84, 120, 135 und 137, P. Ovidius Naso *Metamorphosen* XII, 615 f., hg. von Michael von Albrecht, Stuttgart 1994, S. 658, 1. Korinther 15,51–55, Zürcher Bibel, a. a. O., S. 277 f., Augustinus *Bekenntnisse*, hg. von Jörg Ulrich, Frankfurt am Main 2007, S. 211–213, Swedenborg *Himmel und Hölle*, Zürich 2002, S. 254–257 und 261–270, Ralph Waldo Emerson *Essays and Lectures*, New York 1983, S. 664–689, Gerard Manley Hopkins *The Major Works*, Oxford 2002, S. 152 und 295, Paul Mariani *Gerard Manley Hopkins: A Life*, New York 2008, S. 254 und 356, Henry James *The Sense of the Past*, London o. J., S. 72–8\, *The Portable Henry James*, a. a. O., S. l, Kenneth Graham *Henry James: A Literary Life*, New York 1995, S. 4–9, Kaplan *Henry James: The Imagination of Genius*, a. a. O., S. 561 f., und Javier Marías *Geschriebenes Leben: Ironische Halbporträts*, München 2003, S. 59, William James *Writings 1878–1899*, a. a. O., S. 1100, Miguel de Unamuno *Das tragische Lebensgefühl*, Philosophische Werke, Wien o. J., S. 49 f., 57 f. und 150 f., Chesterton *Collected Works* Bd. XVIII, a. a. O., S. 72, Borges GW 2, S. 334, GW 3, S. 168, 326 und 392–404, GW 4, S. 32–44, GW 8, S. 112 f. und 142 f., und GW 10, S. 231, Nabokov GW 8, S. 485, GW 10, S. 415, GW 13, S. 222, und GW 22, S. 20, Stanley Kunitz *Passing Through: Selected Poems*, New York 1997, S. 131, Olof Lagercrantz *Vom Leben auf der anderen Seite: Ein Buch über Emanuel Swedenborg*, Frankfurt am Main 1997, bes. S. 18–38, Jacques Le Goff *Die Geburt des Fegefeuers: Vom Wandel des Weltbildes im Mittelalter*, München 1990, S. 84–107, Michael Maar *Solus Rex*, a. a. O., S. 93 und 99, und Burkhard Müller *Die Tränen des Xerxes: Von der Geschichte der Lebendigen und der Toten*, Springe 2006, S. 23–49. Zu Kehlmanns Lieblingspassage in Thomas Manns *Joseph* und dessen Versprechen von «Licht und Leichtigkeit» (GW V, S. 998 f.) vgl. Kehlmann «*Joseph*», *das ungelesene Meisterwerk*, Tages-Anzeiger 181, 6. 8. 2005,

S. 39. Ähnlich wie Nabokov in seiner Erzählung *Die Venezianerin* 1924 *The Sense of the Past* von Henry James zurechtrückte, indem er Simpson darin sagen läßt, es gelänge ihm, statt – wie bei James – «eine gemalte Figur aus dem Rahmen herauszuholen, selber in das Bild hineinzusteigen», kritisiert Kehlmann im *Fernsten Ort* über Vetering Nabokovs «trübe Parabel von dem Maler, der in seinem Bild verschwindet». – Die Traditionslinie sterbender, fast oder wirklich toter, sich ihres Sterbens und Totseins aber nicht immer bewußter Gestalten und Erzähler führt namentlich von Ambrose Bierce und seinem *Vorfall an der Owl-Creek-Brücke*, *Die gesammelten Geschichten*, Zürich 1999, S. 21–34, über *Die nachträglichen Memoiren des Bras Cubas* von Machado de Assis, Zürich 2003, S. 5 und 7–10, Alexander Lernet-Holenias *Der Baron Bagge*, Berlin 1936, S. 16, 50, 117, 133 und 135, *Der Theologe im Tod* und *Der Süden* von Borges, *GW* 5, S. 75 f., S. 238–245 und 416, über Juan Rulfos *Pedro Páramo*, München 2008, bes. S. 56 f., 86 f., 99 und 166 f., William Goldings *Pincher Martin*, Nabokovs *Durchsichtige Dinge*, Cees Nootebooms *Die folgende Geschichte*, *Als ich sterblich war* von Javier Marías, Hallgrímur Helgasons *Vom zweifelhaften Vergnügen, tot zu sein*, Alice Sebolds *In meinem Himmel* (*The Lovely Bones*) und John Burnsides *Glister* zu Philip Roths *Empörung*. Nooteboom bezieht sich im Motto zum zweiten Teil seines kreisförmig strukturierten Romans dezidiert auf Nabokov und schildert darin die Sterbefahrt Hermann Musserts, die, frei nach Swedenborg, für alle seine Mitreisenden zu einer «Erfüllung» ihrer zentralen Lebensvorstellung vom Tode wird: Nooteboom *Die folgende Geschichte*, Frankfurt am Main 1994, S. 9 f., 19, 81 und 135–147. Philip Roths *Empörung* ist eine Korrektur dieser Tradition: Der Erzähler Marcus Messner glaubt unter Morphium – und der Leser wird glauben gemacht –, er sei bereits tot und im Jenseits; im zweiten Teil, *Aus und vorbei*, ist er es bewußtlos dann wirklich, Roth *Empörung*, München 2009, S. 52–55, 183 f. und 195–200. Bislang am weitesten gegangen in dieser Tradition ist neben Kehlmann der spanische Filmregisseur Alejandro Amenábar in *The Others*: Dort gibt es, da die Verstorbenen weiterhin ihren Freuden nachgehen können und zudem von ihrer Lichtallergie befreit sind, zuletzt nichts Schöneres mehr, als tot zu sein. Den Titel hat Amenábar *The Altar of the Dead* von Henry James entnommen, *Complete Stories 1892–1898*, a. a. O., S. 451 und 482, der vielleicht morbidsten Erzählung der Weltliteratur.

30 Vgl. Roberto Bolaño *Exil im Niemandsland: Fragmente einer Autobiographie*, Berlin 2008, S. 20, Novick *Henry James: The American Master*, a. a. O., S. 518–520, Kaplan *Henry James: The Imagination of Genius*, a. a. O.,

S. 563 f., Tadié *Marcel Proust*, a. a. O., S. 899–916, Maar *Proust Pharao*, Berlin 2009, S. 55–64, Borges *GW* 4, S. 195, Nabokov *GW* 20, S. 80, und *GW* 21, S. 14, 41 und 496, *Das Modell für Laura (Sterben macht Spaß)*, Reinbek bei Hamburg 2009, S. 48–51, 148 f., 250–255 und 307, Brian Boyd *Vladimir Nabokov: Die amerikanischen Jahre*, a. a. O., S. 969–996, Malte Herwig *Sein letztes Spiel*, *Die Zeit* 34, 14. 8. 2008, S. 48 f., Markus Gasser *Als ausgeladener Gast bei einem Begräbnis*, *Frankfurter Allgemeine Zeitung* 259, 7. 11. 2009, S. Z 5, und Michael Maar *Schlittenfahrt mit jungen Frauen*, *Die Zeit* 47, 12. 11. 2009, S. 53.

31 Kehlmann *Wo ist Carlos Montúfar? Über Bücher*, Reinbek bei Hamburg 2005, S. 143 und 147–149, Mark Twain *The Annotated Huckleberry Finn*, New York 2001, S. 444 f., Philip Roth *Eigene und fremde Bücher, wiedergelesen*, München 2007, S. 46 und 156–158, und *Gegenleben*, Reinbek bei Hamburg 2004, S. 412 f., García Márquez *Dornröschens Flugzeug: Journalistische Arbeiten 5. 1961–1984*, Köln 2008, S. 14, und Bob Dylan *Huck's Tune* (2006), *The Bootleg Series Volume 8, 1989–2006: Tell Tale Signs*, New York 2008, Disc 1, Track 11.

32 Vgl. Kehlmann *Ich und Kaminski*, Frankfurt am Main 2003, S. 71, *Diese sehr ernsten Scherze*, a. a. O., S. 16 und 18–20, *Wo ist Carlos Montúfar?*, a. a. O., S. 126, *Die Katastrophe des Glücks. Rede zum WELT-Literaturpreis*, *Die Welt* 45, 10. 11. 2007, *Die literarische Welt* S. 2, wiederzufinden in *Lob*, a. a. O., S. 169–178, und Kehlmann / Kleinschmidt *Requiem für einen Hund*, a. a. O., S. 111, Nabokov *GW* 20, S. 76, Bolaño *Exil im Niemandsland*, a. a. O., S. 12 und 29, Thomas Glavinic *Das bin doch ich*, München 2007, S. 113, René Freund *Das Sterben versäumt?*, *Wiener Zeitung* 033, 15. 2. 2002, S. 11, Carsten Hueck *Leben, ein endloser Traum*, *Frankfurter Rundschau* 46, 23. 2. 2002, S. 46, und Marius Meller *Die Weisheit der Wissenslücke*, *Der Tagesspiegel* 18965, 24. 9. 2005, S. 23.

33 Kehlmann *Beerholms Vorstellung*, a. a. O., S. 150, und *Ich und Kaminski*, a. a. O., S. 127. Zu Kehlmanns Diagnose deutscher Gegenwartsliteratur *Der Betriebsschaden. Eine Jury versagt vor dem Ernstfall*, *Frankfurter Allgemeine Sonntagszeitung* 41, 16. 10. 2005, S. 29, *Wo ist Carlos Montúfar?*, a. a. O., S. 131 und 141 f., *Diese sehr ernsten Scherze*, a. a. O., bes. S. 14 und 39, Kehlmann (im Gespräch mit Elisabeth Kirmbacher) «*Wer mag schon kluge Leute?*», *Die Presse* 36, 16. 9. 2005, S. 9 f., Kehlmann (im Gespräch mit Klaus Nüchtern und Klaus Taschwer) «*Ich kann nicht rechnen*», *Der Falter* 38, 23. 9. 2005, S. 62–64, Kehlmann *Dionysos und der Buchhalter. Über Thomas Mann*, *Frankfurter Allgemeine Zeitung* 250, 25. 10. 2008, S. Z 1 f., «*... und hör'n die herrlichste Musik*» [zu Max Goldt], *Falter* 49, 3. 12. 2008, S. 34, beide erneut in *Lob*, a. a. O., S. 43–50 und 87–99, Kehlmann /

Kleinschmidt *Requiem für einen Hund*, a. a. O., S. 93 und 111, und die Beiträge von Klaus Zeyringer und Uwe Wittstock in *Daniel Kehlmanns «Die Vermessung der Welt»*, hg. von Gunther Nickel, a. a. O., bes. S. 81, 113 f., 118 und 120 f., Heinz Schlaffer *Die kurze Geschichte der deutschen Literatur*, der Kehlmann nach eigenem Bekunden in fast jeder Zeile zustimmt, a. a. O., S. 17, 20 f., 56 ff., 63 f., 104–107, 123, 144 f. und 148–152, Volker Hage *Letzte Tänze, erste Schritte: Deutsche Literatur der Gegenwart*, München 2007, S. 15–20, 27–30, 52–56 und 64 f., Peter von Matt *Öffentliche Verehrung der Luftgeister*, a. a. O., S. 67–71, und *Die Intrige*, a. a. O., S. 453–455, Uwe Wittstock *Nach der Moderne: Essay zur deutschen Gegenwartsliteratur in zwölf Kapiteln über elf Autoren*, Göttingen 2009, S. 7–24, und Thomas Glavinic *Das bin doch ich*, a. a. O., S. 41, 48 f. und 206.

34 Kehlmann *Ich und Kaminski*, a. a. O., S. 9 f., und *Wo ist Carlos Montúfar?*, a. a. O., S. 137, Nabokov *Die Kunst des Lesens: Meisterwerke der europäischen Literatur*, a. a. O., S. 27, und zur Definition von «the humorous manner» Mark Twain *Collected Tales, Sketches, Speeches, and Essays 1891–1910*, New York 1992, S. 201. Ähnliche Duelldialoge auch in *Ich und Kaminski*, a. a. O., S. 124–131, und in der *Vermessung der Welt*, a. a. O., S. 256–260.

35 Kehlmann *Loden: Eine Erzählung*, *Süddeutsche Zeitung* 31, 7. 2. 2004, Literatur S. VIII, Nabokov *GW* 10, S. 34 f., 269 und 372 f., und *GW* 12, S. 502 f., Boyd *Vladimir Nabokov: Die amerikanischen Jahre*, a. a. O., S. 332, 503, 536, 907–912, 918 f., 922–928 und 933 f., und Maar *Solus Rex*, a. a. O., S. 150, Stoppard *Arcadia*, *Plays* 5, London 1999, S. 36, 40, 46, 80 und 88–92, Ira Nadel *Double Act: A Life of Tom Stoppard*, London 2004, S. x–xii, 67, 169–171, 513–515 und 537, Interview mit Nadel zu seiner Biographie in *Tom Stoppard's «Arcadia»*, Venice [L. A. Theatre Works] 2009, Disc 2, Track 9, *Tom Stoppard in Conversation*, hg. von Paul Delaney, Ann Arbor 1994, S. 5 und 17, Philip Roth *Exit Ghost*, New York 2007, S. 98, 104, 182–186 und 221, und Max Goldt *Für Nächte am offenen Fenster: Die prachtvollsten Texte 1987–2002*, Reinbek bei Hamburg 2003, S. 181. Sebastian Zöllner ist, natürlich, auch der «Zöllner», Zollbeamte, der – wie sich gleich herausstellen wird – über seine Inbesitznahme von Kaminskis Erbe allen, die ihm nicht passen, den Zugang dazu erschweren bis verwehren will. Vgl. auch die Figur des Zöllners bei Imre Kertész, *Fiasko*, Reinbek bei Hamburg 2001, S. 143–165. Tom Stoppard hat obendrein mehreren Gestalten von *Arcadia* Sentenzen Charles Kinbotes aus Nabokovs *Fahlem Feuer* in den Mund gelegt, ohne daß Kritiker und Literaturwissenschaftler es bemerkten: *The New Yorker Festival: Tom Stoppard Interviewed by John Lahr 2006*, New York 2009.

36 Kehlmann *Unter der Sonne*, a. a. O., S. 45 f., 48 f. und 66, *Der fernste Ort*, a. a. O., S. 18 und 92, *Ich und Kaminski*, a. a. O., S. 7, 11–13, 15, 24, 26 f., 29–31, 36–40, 44, 48, 50–52, 55 f., 70 f., 73–88, 91, 96, 98 f., 102, 106, 112, 122, 127 und 138, *Mein Werdegang*, a. a. O., *Der alte Mann und das Buch* [zu J. M. Coetzees *Tagebuch eines schlimmen Jahres*], *Die Zeit* 19, 30. 4. 2008, S. 63, *Der Held ohne Motiv*, Nachwort zu Knut Hamsuns *Hunger*, Berlin 2009, S. 231–236, bes. S. 231, und Tom Stoppard: *«Rock 'n' Roll»*, *Cicero* 12, 2007, S. 170, Goethe *Rezensent*, *Gedichte 1756–1799*, a. a. O., S. 183 und 904, und *Gedichte 1800–1832*, Frankfurt am Main 1998, S. 373, Henry James *The Death of the Lion*, *Complete Stories 1892–1898*, a. a. O., S. 386, Thomas Mann *Tonio Kröger*, *Große kommentierte Frankfurter Ausgabe* (GKFA), Frankfurt am Main 2002 ff., Bd. 2.1, S. 272–274 und 278–281, und Bd. 2.2, S. 130 f. und 135, Borges *GW* 4, S. 153, Nabokov *GW* 10, S. 7, 31 und 427, und *Die Kunst des Lesens: Meisterwerke der europäischen Literatur*, a. a. O., S. 113, Stoppard *The Real Inspector Hound*, *Plays* 1, London 1993, S. 43 f., George Steiner *Von realer Gegenwart*, München 1990, S. 17, und Peter von Matt *Die Intrige*, a. a. O., S. 47 f., 51 und 76. Georg Lukács hat den Gegensatz zwischen dem lebensschwachen, «zum Geist verfluchten» Künstler und dem seinen «Wonnen der Gewöhnlichkeit» vital hingegebenen Bürger bei Thomas Mann derart oft strapaziert, daß Mann ihn auch deshalb im *Doktor Faustus*, GKFA 10.1, S. 42 f., dann selbst lächerlich machte.

37 Ähnlich Kaminskis Formel *Wichtigkeit ist nicht wichtig – Malen ist wichtig* auch V. S. Naipaul in einem Brief an seinen Vater: «The essential thing about writing is writing», Patrick French *The World Is What It Is: The Authorized Biography of V. S. Naipaul*, London 2008, S. 87. Die Vernissageszene, von derjenigen in Stephen Sondheims Musical *Sunday in the Park with George* inspiriert, soll auch die Frankfurter Buchmesse travestieren. Vgl. Kehlmann *Ich und Kaminski*, a. a. O., S. 20, 23, 26–29, 39, 78, 80, 89 f., 92 f. 129 und 133–148, *Die Vermessung der Welt*, a. a. O., S. 184, *Wo heute Lärm ist, war einst Magie* [auch unter dem Titel *Die Lichtprobe*; Rede zur Eröffnung der Salzburger Festspiele am 25. 7. 2009], *Frankfurter Allgemeine Zeitung* 171, 27. 7. 2009, S. 23 und 25, abermals in *Lob*, a. a. O., S. 179–188, *Wo ist Carlos Montúfar?*, a. a. O., S. 116, Kehlmann / Kleinschmidt *Requiem für einen Hund*, a. a. O., S. 93, Nicolas Stemann *Wo gibt's hier Spaghetti?* [Replik auf Kehlmanns Salzburger Rede], *Süddeutsche Zeitung* 173, 30. 7. 2009, S. 11, Oscar Wilde *Das Bildnis des Dorian Gray*, a. a. O., S. 7 f., 16, 50 und 124, Henry James *The Death of the Lion*, *Complete Stories 1892–1898*, a. a. O., S. 380, *Notebooks*, a. a. O., S. 71, *Die Aspern Schriften*, München 2003, S. 11, 18, 34, 38, 128 und 134,

und das Nachwort Bettina Blumenbergs ebd. S. 204 f., Robert Musil *Der Mann ohne Eigenschaften*, Reinbek bei Hamburg 1978, Bd. 1, S. 34, Nabokov *Die Kunst des Lesens: Meisterwerke der europäischen Literatur*, a. a. O., S. 102 und 135, GW 8, S. 79 f., GW 14, S. 301, GW 20, S. 264 und 338, GW 21, S. 363 und 453, und Nabokovs Kommentar zu Alexander Puschkins *Eugen Onegin*, Frankfurt am Main 2009, S. 11 und 174, Stoppard *The Real Inspector Hound*, *Plays 1*, a. a. O., S. 7, 31 und 39 f., Ira Nadel *Double Act*, a. a. O., S. 200–204, 224 f., 300, 337–339, 367 f., 372 f., 387 f. und 442, und das Nachwort von Paul Ingendaay zu Highsmiths *Talentiertem Mr. Ripley*, Zürich 2003, S. 407–428. In einem Interview kurz nach der Rede in Salzburg berief sich Kehlmann auch auf die britische Theatertradition und namentlich auf Tom Stoppard, dem auch Kehlmanns Drama *Geister in Princeton* verpflichtet ist, das im Januar und Februar 2010 noch in Arbeit war: «Wieso die schäumende Wut?», *Der Spiegel* 32, 3. 8. 2009, S. 110. Gleich Nabokov im Anfang von *Fahles Feuer* zitiert Kehlmann zu Beginn von *Ich und Kaminski* den von sich exzessiv eingenommenen Biographen Samuel Johnsons, James «Bozzy» Boswell: Was für Boswell Johnson war, was für den Erzähler der *Aspern-Schriften* Jeffrey Aspern, was für Kinbote John Shade, was für Andrew Field Nabokov war und für Bernard Nightingale in Stoppards *Arcadia* Lord Byron, das ist für Zöllner Kaminski, und Kehlmann hat Zöllner und Kaminski Nicholas Fox Weber und Balthus nachgebildet, der ein Protegé Rilkes war wie Kaminski ein Protegé des Lyrikers Richard Rieming: Neben Boswell, den Literaturkennern bei Henry James, neben Kinbote, Andrew Field und Nightingale regte Kehlmann zu *Ich und Kaminski* also auch die Balthus-Biographie Fox Webers an, mit dem Zöllner deshalb so viele Charakterzüge teilt – vgl. Fox Weber *Balthus: A Biography*, New York 1999, S. 3–18, 26–30, 61, 66 f., 85–87, 105, 212, 223, 227, 235 f., 254 f., 325, 434 f., 486–488, 581 und 585–603.

38 Kehlmann *Ich und Kaminski*, a. a. O., S. 21, 42, 45 f., 96, 99–107, 146, 154, 165–168 und 170, *Beerholms Vorstellung*, a. a. O., S. 11, *Die Vermessung der Welt*, a. a. O., S. 93, Kehlmann / Kleinschmidt *Requiem für einen Hund*, a. a. O., S. 45, und *Ruhm: Ein Roman in neun Geschichten*, Reinbek bei Hamburg 2009, S. 86, Lord Byron *Cain. A Mystery*, *The Major Works*, a. a. O., S. 918, Goethe *Faust. Der Tragödie zweiter Teil*, Dritter Akt, 9904–9930, Stuttgart 1986, S. 151 – Lord Byron heißt hier Euphorion –, und Theodor Friedrichs und Lothar Scheithauers *Kommentar zu Goethes «Faust»*, Stuttgart 1986, S. 261, Charles Baudelaire *Der freudige Tote*, *Die Blumen des Bösen* LXXII, *Sämtliche Werke / Briefe*, hg. von Fried-

helm Kemp u. a., München 1975, Bd. 3, S. 194 f., Henry James *Die Aspern-Schriften*, a. a. O., S. 28, 34, 117, 119, 132, 150, 167 und 182, Thomas Mann *Doktor Faustus*, GKFA 10.1, S. 327 und 347, GKFA 14.1, S. 255 und 320, und *Joseph und seine Brüder*, GW V, S. 1277 f., 1280 und 1282, Nabokov GW 6, S. 159–162, Stoppard *Rosencrantz and Guildenstern Are Dead* (1967), New York o. J., S. 39, García Márquez *Dornröschens Flugzeug: Journalistische Arbeiten 5. 1961–1984*, a. a. O., S. 62, und *Leben, um davon zu erzählen*, Köln 2002, S. 603, Thomas Bernhard *Alte Meister*, Werke Bd. 8, Frankfurt am Main 2008, S. 24 und 177, Philip Roth *Gegenleben*, a. a. O., S. 274, 298 f., 322 und 417 f., und *Die Tatsachen*, Reinbek bei Hamburg 2000, S. 11, 206 f., 209 und 214, Bob Dylan *Jokerman* (1983), *Lyrics 1962–2001*, a. a. O., S. 878–881, *Chronicles: Volume One*, London 2005, S. 118–120, Heinrich Detering *Bob Dylan*, Stuttgart 2007, S. 7–10, 22 und 137–139, *The Cambridge Companion to Bob Dylan*, hg. von Kevin J. H. Dettmar, Cambridge 2009, S. 2–4, 16–27, 49 f. und 53 f., David Hockney *Die Welt in meinen Augen: Autobiographie*, Schmieheim 2005, S. 160 f., das *Selbstbildnis ohne Spiegel* in Dürrenmatt *Schriftsteller und Maler*, Bern 1994, S. 265, zu Herta Müller Felicitas von Lovenberg *Die Liebe ist mir in den Kopf gewachsen*, *Frankfurter Allgemeine Zeitung* 289, 12. 12. 2009, S. 33, und zu den Teufelsfiguren bei Kehlmann Joachim Rickes *Die Metamorphosen des «Teufels» bei Daniel Kehlmann*, Würzburg 2010, S. 63–95. So unüberwindlich Kehlmanns Ablehnung von Thomas Bernhards «Verpööelung der Welt» auch sein mag (die zugleich ja auch immer ein «Selbstgelächter» war), so haben die beiden zumindest eines gemein: die Wiener Tradition des jüdischen Kabaretts und der Doppelconférencen von Karl Farkas, Fritz Grünbaum, Helmut Qualtinger, Carl Merz und Gerhard Bronner, mit denen Kehlmann über seinen Vater Michael von Kindesbeinen an vertraut war und die in den Dialogen Zöllners mit dem Rest der Welt ihren Niederschlag finden wie später in den Gesprächen zwischen Humboldt und Bonpland in der *Vermessung der Welt*. Für die Übertragung ins Englische, *Me and Kaminski* (New York 2008), hat Kehlmann Kaminskis Segenswunsch gestrichen – er erschien ihm und seiner Übersetzerin Carol Brown Janeway zu sentimental: Vielleicht erinnerte er sie an den Schlußsatz des *Weihnachtsmärchens* von Charles Dickens, Frankfurt am Main 2008, S. 74 und 124.

39 Kehlmann *Die Vermessung der Welt*, a. a. O., S. 13, 29, 74, 137 f., 171, 220, 238, 255, 261, 273, 281, 289 und 301, *Wo ist Carlos Montúfar?*, a. a. O., S. 9 f., Kehlmann / Kleinschmidt *Requiem für einen Hund*, a. a. O., S. 31–34 und 121 f., *Daniel Kehlmanns «Die Vermessung der Welt»*, hg. von

Gunther Nickel, a.a.O., S. 27f., 42, 115, 128–131, 199 und 203, und der Beitrag von Friedhelm Marx in *Ins Fremde Schreiben: Gegenwartsliteratur auf den Spuren historischer und fantastischer Entdeckungsreisen*, hg. von Christof Hamann und Alexander Honold, Göttingen 2009, bes. S. 110f., Dante Alighieri *Die Göttliche Komödie. Erster Teil: Die Hölle*, hg. von Hermann Gmelin, Stuttgart 1949, S. 35 (Dritter Gesang), Shakespeare *The Tempest* 4.1, 148–150, *The Complete Works*, a.a.O., S. 1184, Alexander von Humboldt *Die Reise nach Südamerika: Vom Orinoko zum Amazonas*, hg. von Jürgen Starbatty, Göttingen 1990, S. 107, 110 und 112, und *Ueber einen Versuch den Gipfel des Chimborazo zu ersteigen*, Frankfurt am Main 2006, S. 73, Ralph Waldo Emerson *Essays and Lectures*, a.a.O., S. 88–92, 117–132, 165–170 und 1056, Matthew Arnold *Dover Beach, Selected Poems and Prose*, London 1993, S. 76f., Lafcadio Hearn *Martinique Sketches, American Writings*, New York 2009, S. 326, 498 und 504f., Chesterton *Collected Works* Bd. XV, a.a.O., S. 51, Miguel de Unamuno *Agonie des Christentums, Philosophische Werke*, a.a.O., S. 184, Musil *Der Mann ohne Eigenschaften* Bd. 1, a.a.O., S. 39 und 41, Nabokov GW 6, S. 164, GW 7, S. 15, GW 12, S. 152, GW 14, S. 332, und GW 22, S. 420f., John Burnside *Selected Poems*, London 2006, S. 37f., *A Lie About My Father*, London 2007, S. 3f., 36, 42f., 125–128, 133, 224, 232 und 268, *Die Spur des Teufels*, München 2008, S. 7–11, *Glister*, München 2009, S. 7–10, 21f., 68, 144 und 274–285, und dazu Markus Gasser *Der vergiftete Wald*, Die Weltwoche 41, 8. 10. 2009, S. 68f., García Márquez *Dornröschens Flugzeug: Journalistische Arbeiten 5. 1961–1984*, a.a.O., S. 82, 158, 165, 354 und 480, Philippe Ariès *Geschichte des Todes*, München 1982, S. 580–584, W. G. Sebald *Campo Santo*, München 2003, S. 184–192, Richard Dawkins *Der Gotteswahn*, Berlin 2007, S. 500f. und 532f., Charles Taylor *Ein säkulares Zeitalter*, Frankfurt am Main 2009, S. 17–48, 60f., 161, 886f., 948–955 und 1194f., Nicholas Wade *The Faith Instinct: How Religion Evolved and How It Endures*, New York 2009, S. 3–13, 66f. und 276–285, Jürgen Osterhammel *Die Verwandlung der Welt: Eine Geschichte des 19. Jahrhunderts*, München 2009, S. 1239–1278, Michael Gamper *Elektropoetologie: Fiktionen der Elektrizität 1740–1870*, Göttingen 2009, S. 26–29, 36–39, 145–151 und 245–252, und zur Gespensterfotografie abermals Kehlmann *Die Vermessung der Welt*, a.a.O., S. 17, Sabine Doering-Manteuffel *Das Okkulte: Eine Erfolgsgeschichte im Schatten der Aufklärung von Gutenberg bis zum World Wide Web*, München 2008, S. 101–104 und 141–163, und Marina Warner *Fantastic Metamorphoses, Others Worlds*, Oxford 2002, S. 161–203, und *Phantasmagoria*, Oxford 2006, S. 9–20, 189–263, 286 und 298. Zum angeblichen

«Gemütszustand der Unterentwicklung» in Lateinamerika Mario Vargas Llosa Die Welt des Juan Carlos Onetti, Frankfurt am Main 2009, S. 149–153. Als «schöne Bescherung» und «faulen Zauber» bezeichnete der Literaturkritiker Reinhard Baumgart Die Liebe in den Zeiten der Cholera 1987 laut Dagmar Ploetz Gabriel García Márquez, Reinbek bei Hamburg 1992, S. 142.

40 Vgl. Humboldts «Äther» in Kehlmann Die Vermessung der Welt, a. a. O., S. 284, und den «Wolken tragenden Äther» in Goethes Dornburger Gedichten aus dem Sommer 1828, Gedichte 1800–1832, a. a. O., S. 700 und 1348, Die Wahlverwandtschaften, hg. von Waltraud Wiethölter, Frankfurt am Main 2006, S. 493–495, 497, 499, 529, 985 und 990–994, Ursula Ritzenhoffs Kommentar zu den Wahlverwandtschaften, Stuttgart 1982, S. 83, 126, 145, 149 und 155, und Peter von Matt Das Wilde und die Ordnung: Zur deutschen Literatur, München 2007, S. 23–54, Dieter Schlesak Gibt es ein Leben nach dem Tod? Der Philosoph Immanuel Kant und der Hellseher Emanuel Swedenborg, Rowohlt LiteraturMagazin 42, S. 149–163, Schopenhauer Versuch über das Geistersehn, Parerga und Paralipomena: Erster Band, Werke Bd. IV, a. a. O., S. 229, 248–252, 261–271 und 286–310, Novick Henry James: The Young Master, New York 1996, S. 13 f., und García Márquez Leben, um davon zu erzählen, a. a. O., S. 65, und zu seinem Begriff des «Obskurantismus», dem Versuch also, Menschen eben nicht durch Religion und Aberglauben, sondern einen realitätsmindernden Rationalismus in Unwissenheit zu halten, Dornröschens Flugzeug: Journalistische Arbeiten 5. 1961–1984, a. a. O., S. 80–83.

41 Kehlmann Die Vermessung der Welt, a. a. O., S. 8–10, 12, 14, 25, 56–59, 66, 82–86, 88, 95–99, 143, 147, 158, 161 f., 167, 183–186, 189, 215, 219 f., 245 f. und 293, Wo ist Carlos Montúfar?, a. a. O., S. 9, und Diese sehr ernsten Scherze, a. a. O., S. 33 f., Johann Peter Eckermann Gespräche mit Goethe in den letzten Jahren seines Lebens, hg. von Fritz Bergemann, Frankfurt am Main 1981, S. 255–261 und 789, Thomas Mann GKFA 19.1, S. 650 und 689, Nabokov GW 14, S. 303, und GW 22, S. 19–22, und Gabriel García Márquez Die Liebe in den Zeiten der Cholera, Köln 1987, S. 11, 13 und 20. Gaußens Werbung um Johanna ähnelt derjenigen von García Márquez um Mercedes Barcha im Leben, um davon zu erzählen, a. a. O., S. 475 f. und 603 f., die Hochzeitsnacht von Gauß und Johanna in der Vermessung, a. a. O., S. 149 f., derjenigen von Fermina Daza und Doktor Juvenal Urbino in der Liebe in den Zeiten der Cholera, a. a. O., S. 229–235; das Labyrinth des Grafen von der Ohe zur Ohe, das seine Entsprechung auch in der Parkanlage des Staatsministers Manuel de Urquijo bei Madrid und im Berlin der Vermessung, a. a. O.,

S. 43 und 245 f., findet, erinnert an den Garten des Prinzen von Pala-
gonien, Ferdinando Francesco II. Gravina, auf Sizilien östlich von Pa-
lermo, den Goethe auf seiner Reise durch Italien so verabscheute, vgl.
Achim von Arnim *Gräfin Dolores, Werke* Bd. 1, Franfurt am Main 1989,
S. 565–567 und 805 f.; das Labyrinth des Grafen ist von Kehlmann zugleich als Umkehrung Kafkas konzipiert, *Diese sehr ernsten Scherze*,
a. a. O., S. 34 f. Auch das bekümmerte «[A]ber dann werde er tot sein»
von Gauß wird sich in Humboldts Goethe-Paraphrase «[U]nd bald
werde man tot sein» wiederholen. Mr. Grumpleby wäre ein dickens-
typisches Kompositum aus «*grumpy*», «grummelig», und «*grumbler*»,
«Griesgram». Eine der in Kehlmanns *Ruhm*, a. a. O., S. 142 f., erwähn-
ten Erzählungen Leo Richters wird dann von Lara Gaspards Abstieg
ins Totenreich handeln.

42 Kehlmann *Die Vermessung der Welt*, a. a. O., S. 19–21, 24 f., 29 f., 35 f.,
38, 43 f., 47, 50, 69 f., 73, 75–78, 87, 104, 108–112, 120–134, 138 f.,
141, 169, 179, 195, 205, 208 f., 212, 216 und 263, *Masochist. Mit Alexander von Humboldt haben wir einen neuen Heros*, Süddeutsche Zeitung 231,
5. 10. 2004, S. 12, *Wo ist Carlos Montúfar?*, a. a. O., S. 24, *Diese sehr ernsten
Scherze*, a. a. O., S. 38–41, *Daniel Kehlmanns «Die Vermessung der Welt»*, hg.
von Gunther Nickel, a. a. O., S. 27, und Wolfgang Pütz *Daniel Kehlmann: «Die Vermessung der Welt»*, München 2008, S. 16–25, E. T. A. Hoffmann *Die Elixiere des Teufels, Werke* Bd. 2/2, Frankfurt am Main 1988,
S. 265 f., und Peter von Matt *Das Schicksal der Phantasie: Studien zur deutschen Literatur*, München 1996, S. 122–133, Alexander von Humboldt
Die Reise nach Südamerika, a. a. O., S. 15, 25 f., 129 f., 295 f. und 300, *Ueber einen Versuch den Gipfel des Chimborazo zu ersteigen*, a. a. O., S. 16, 31, 36,
40 und 87, und *Ansichten der Kordilleren und Monumente der eingeborenen Völker Amerikas*, Frankfurt am Main 2004, S. 48–57, in denen kein
einziges Mal von den Menschenopfern der Azteken die Rede ist,
Dickens *The Posthumous Papers of the Pickwick Club*, London 2003, S. 211,
und *Harte Zeiten. Für diese Zeiten*, Frankfurt am Main 1986, S. 10 f., 16 f.,
19–21, 32, 39, 76–78, 149, 328, 330 und 431–433, Oscar Wilde *Das
Bildnis des Dorian Gray*, a. a. O., S. 47 und 74, Henry James *Washington
Square, Novels 1881–1886*, New York 1985, S. 109, John Cheever *Der
Wapshot-Skandal*, Köln 2008, S. 32 f. und 75, García Márquez *Der Herbst
des Patriarchen*, München 1980, S. 11, 145, 166 und 189, John Burnside
Glister, a. a. O., S. 191, Alain Corbin *Pesthauch und Blütenduft: Eine Geschichte des Geruchs*, Berlin 2005, S. 25–27, 31, 62, 79 f., 114, 134, 151 f.
und 204, Jürgen Osterhammel *Die Verwandlung der Welt*, a. a. O., S. 51 f.,
60–62 und 135 f., und Elke Schmitter *Neun Gründe, Tschechow zu lieben*,

Der Spiegel 4, 25. 1. 2010, S. 104. Das Goethe-Zitat zur Erziehung der Brüder Humboldt ist von Kehlmann erfunden; und Hoffmanns *Elixiere des Teufels* erschienen erstmals 1815 und 1816, da Humboldt schon weit über vierzig war. In Teotihuacan fand Humboldt die auch bei Borges nachgebildete Stadt der Unsterblichen, GW 5, S. 252–257, «deren Architektur» – so schon den Geschichten aus Humboldts Kindheit zufolge – «offenbarte, daß ihre Erbauer keine Menschen [gewesen] waren»: *Die Vermessung der Welt*, a. a. O., S. 22 und 207. Die Vermessungswut seines Zeitalters wird Dickens noch vor seinen *Harten Zeiten* in der Gestalt des Samuel Pickwick parodieren, der seinem Club 1817 sein Opus *Spekulative Untersuchungen über die Quelle der Fischteiche von Hampstead nebst einigen Bemerkungen über die Theorie des Froschsprungs* zu Gehör bringt – *Die Pickwickier*, übersetzt von Gustav Meyrink, Zürich 1986, S. 9–12 und 142–144.

43 Kehlmann *Die Vermessung der Welt*, a. a. O., S. 9, 62, 106 f., 109, 114, 127 f., 137–139, 198 f., 220 f., 266, 282, 289 und 291 f., *Diese sehr ernsten Scherze*, a. a. O., S. 14 und 39–41, und Kehlmann / Kleinschmidt *Requiem für einen Hund*, a. a. O., S. 111 und 122, Miguel de Cervantes Saavedra *Der geistvolle Hidalgo Don Quijote von der Mancha*, hg. von Susanne Lange, München 2008, Bd. 1, S. 62–70, 351–353 und 538–547, Goethe *Wandrers Nachtlied*, *Gedichte 1756–1799*, a. a. O., S. 388, und *Ein Gleiches*, *Gedichte 1800–1832*, a. a. O., S. 65, Puschkin *Eugen Onegin*, Frankfurt am Main 2009, S. 100, und Nabokovs Kommentar zum *Onegin*, a. a. O., S. 266–268 und 272 f., *Bilder-Conversations-Lexikon für das deutsche Volk* (Brockhaus), Leipzig 1838, Bd. II, S. 422, Nabokov GW 8, S. 514, Richard Rorty *Eine Kultur ohne Zentrum: Vier philosophische Essays*, Stuttgart 1993, S. 78 f., das Gespräch zur Nützlichkeit von Literatur zwischen dem Arzt und Iwan Turgenjew bei Tom Stoppard, *The Coast of Utopia: Salvage*, London 2008, S. 306 f., und zur Kritik am Roman und an den «Massenmedien» bei Platon, Hegel, Georg Lukács, Walter Benjamin, Theodor W. Adorno, Michail Bachtin, Michel Foucault und Jean Baudrillard bis in die unmittelbare Gegenwart Markus Gasser *Die Sprengung der platonischen Höhle: Roman und Philosophie im Widerstreit*, Göttingen 2007, S. 21–24, 55–102, 130–137, 146–163 und 225–227, zur Aufnahme der Romantik und Hoffmanns in Deutsch- und im Ausland Miguel Barnet in *Lateinamerikaner über Europa*, hg. von Curt Meyer-Clason, Frankfurt am Main 1987, S. 55 f., und Hartmut Steineckes Kommentar in Hoffmanns *Werken* Bd. 2 / 2, a. a. O., S. 566–575. Hegel hat, «warzig» und «klein», in der *Vermessung der Welt*, a. a. O., S. 245 f., seinen Auftritt, wenn er nach Humboldts Vortrag im Foyer des Sing-

vereins gegen die «geistlosen» Naturforscher poltert. Die kunstfeind-
lichen Positionen von Gauß und Humboldt finden sich teils wort-
wörtlich auch bei Adorno *Noten zur Literatur*, Frankfurt am Main 1981,
S. 41–48; und es ist kein Zufall, daß der aller «deutschen Philosophie»
abgeneigte Bergwerksleiter «Don *Fernando García* Utilla» heißt, also
wie Gabriel García Márquez ein «*García*» in der Mitte seines Namens
trägt, und daß die vier Ruderer, darunter Gabriel (García Márquez),
aus «San *Fernando*» kommen.

44 Kehlmann *Die Vermessung der Welt*, a. a. O., S. 37, 45, 49, 102 f., 110,
117–119, 135, 138, 140, 163, 167 f., 170–179, 185, 199, 205, 253–256,
284 f. und 290, *Wo ist Carlos Montúfar?*, a. a. O., S. 142, *Mario Vargas
Llosa: «Maytas Geschichte»*, Literaturen 1 / 2, 2006, S. 142, *Spätwerke und böse
Mädchen* [zu Vargas Llosa], Literaturen 12, 2006, S. 28–30, *Diese sehr ernsten Scherze*, a. a. O., S. 22, Kehlmann / Kleinschmidt *Requiem für einen
Hund*, a. a. O., S. 76, und Daniel Kehlmanns *«Die Vermessung der Welt»*, hg.
von Gunther Nickel, a. a. O., S. 26 f., Joachim Rickes *Daniel Kehlmann
und die lateinamerikanische Literatur*, Würzburg 2012, S. 63–95 und
119–121, Borges *GW* 2, S. 438–441, John Cheever *Die Geschichte der
Wapshots*, Köln 2007, S. 39, García Márquez *Hundert Jahre Einsamkeit*,
Köln 2006, S. 7–27, *Die Einsamkeit Lateinamerikas, Lateinamerikaner über
Europa*, hg. von Curt Meyer-Clason, a. a. O., S. 159–164, *Der Geruch der
Guayave*, Köln 1993, S. 18 f., 24, 36–39, 59–63, 70 f., 97, 100 und 141,
Dornröschens Flugzeug: Journalistische Arbeiten 5. 1961–1984, a. a. O.,
S. 158–160, 164, 354 und 647, und *Leben, um davon zu erzählen*, a. a. O.,
S. 9, 44, 49, 52, 60, 79, 82 f., 88, 98, 103, 106 f., 118, 120 f., 134, 274,
324 und 335 f. García Márquez' Erzähltechnik war anfänglich auch
durch Kafkas *Verwandlung* – in der Übersetzung von Borges – inspi-
riert, ebd. S. 307 f.; zur wunderbaren Wirklichkeit Europas vgl. seine
Zwölf Geschichten aus der Fremde, Köln 1993, S. 11, 15 f., 53–71 und
117–122, und Alejo Carpentier *Stegreif und Kunstgriffe: Essays zur Literatur, Musik und Architektur in Lateinamerika*, Frankfurt am Main 1980,
S. 118–129. Kehlmanns Papageien haben ihr Vorbild in dem von Doktor Juvenal Urbino persönlich abgerichteten und dennoch launischen
Vogel in der *Liebe in den Zeiten der Cholera*, a. a. O., S. 20 und 36–43, der
mehr Privilegien besitzt als Urbinos eigene Kinder, da der Papagei
«wie ein Akademiemitglied» Französisch sprechen, die katholische
Messe auf lateinisch hersagen und die Arien von Urbinos klassischen
Lieblingskomponisten singen kann. Die «gleißenden Spiegel» der
Ebenen in der Neuen Welt kündigt Kehlmann bereits im Deckenspie-
gel des Audienzsaals von Braunschweig an, wo der Herzog Gauß ein

Stipendium gewährt, *Die Vermessung der Welt*, a. a. O., S. 61 – sie waren auch im Gerichtssaal des Old Bailey bei Dickens, in seiner *Geschichte aus zwei Städten* von 1859, Frankfurt am Main 1987, S. 85, zu finden. Die sich im Flußwasser spiegelnden Vögel sind eine Anspielung auf die Mirages in Nabokovs *Gabe*, GW 5, S. 196, und auf den Anfang von John Shades Gedicht «Fahles Feuer», GW 10, S. 39.

45 In einer «unwirklich langen Flucht schlecht gelüfteter Zimmer voller Bernsteinproben» in Dorpat sieht Humboldt dann 1829 «einen wunderlich geflügelten Skorpion, den man wohl ein Fabelwesen nennen mußte». Kehlmann *Die Vermessung der Welt*, a. a. O., S. 28, 66, 80, 111, 212 f. und 269 f., Thomas Mann *Doktor Faustus*, GKFA 10.1, S. 334, und GKFA 10.2, S. 546, und Juli Zeh *Sag nicht ER zu mir* (2002), *Alles auf dem Rasen: Kein Roman*, Frankfurt am Main 2006, S. 220–234, bes. S. 227, 229 und 232 f.

46 Kehlmann *Die Vermessung der Welt*, a. a. O., S. 59, 86, 255, 276, 282 f., 290–292 und 300–302, *Wo ist Carlos Montúfar?*, a. a. O., S. 10 und 25, *Die Finken und die Wilden*, a. a. O., S. 14 f., und Kehlmann / Kleinschmidt *Requiem für einen Hund*, a. a. O., S. 27 f., Alexander von Humboldt *Kosmos: Entwurf einer physischen Weltbeschreibung*, Frankfurt am Main 2004, S. 3, 9 f. und 17 f., Chesterton *Collected Works* Bd. XV, a. a. O., S. 177, Thomas Mann GKFA 2.2, S. 89–91, und GKFA 14.1, S. 115 f., Borges GW 5, S. 262, Nabokov GW 4, S. 253, GW 5, S. 503, GW 7, S. 9 f., 14 und 318, und GW 10, S. 277, Boyd *Vladimir Nabokov: Die russischen Jahre*, a. a. O., S. 516 f. und 706, und *Vladimir Nabokov: Die amerikanischen Jahre*, a. a. O., S. 250 f., García Márquez *Die Liebe in den Zeiten der Cholera*, a. a. O., S. 53, 70, 77, 168, 327 und 338, *Tom Stoppard in Conversation*, a. a. O., S. 42 f. und 87, und Jürgen Osterhammel *Die Verwandlung der Welt*, a. a. O., S. 443–446. Vorbild für die Zukunftsvision von Gauß war auch *Das Aleph* von Borges (GW 5, S. 378–383), worin der Erzähler zuletzt «unendliche Verehrung», aber auch «unendliches Bedauern» fühlt. «Amerika» ist das letzte Sehnsuchtswort in Joseph Roths Roman *Hotel Savoy*, *Werke* 4, Köln 1989, S. 242, den Kehlmann von seinem Vater Michael, einem passionierten Roth-Leser, her kannte.

47 Homer *Odyssee*, Einundzwanzigster und Zweiundzwanzigster Gesang, übersetzt und kommentiert von Kurt Steinmann, Zürich 2007, S. 323 und 334 f., Reginald Scot *The Discoverie of Witchcraft* (1584), New York 1972, S. 42, 44 f., 52, 70, 130 f. und 273 f., Shakespeare *Othello* 1.1, 65, *The Complete Works*, a. a. O., S. 821, und *Macbeth* 1.5, 39 f., ebd. S. 980, Borges GW 7, S. 194–196, Peter Handke *Phantasien der Wiederholung*, Frankfurt am Main 1983, S. 15 und 76, Paulo Coelho *Der Alchimist*, Zü-

rich 2008, S. 51, *Handbuch des Kriegers des Lichts*, Zürich 2006, S. 30 und 87, *Veronika beschließt zu sterben*, Zürich 2000, S. 11, 109, 143, 150 und 165, und *Sei wie ein Fluß, der still die Nacht durchströmt: Geschichten und Gedanken*, Zürich 2008, S. 99 und 189, Harold Bloom *Shakespeare: Die Erfindung des Menschlichen*, Berlin 2000, S. 753–767, Stephen Greenblatt *Will in der Welt: Wie Shakespeare zu Shakespeare wurde*, Berlin 2004, S. 155 f., 183–185 und 419–423, Peter von Matt *Die Intrige*, a. a. O., S. 204 f. und 455–457, Elisabeth Bronfen *Tiefer als der Tag gedacht: Eine Kulturgeschichte der Nacht*, München 2008, S. 282–299, und Karl Heinz Bohrer *Imaginationen des Bösen*, a. a. O., S. 188–213, *Großer Stil: Form und Formlosigkeit in der Moderne*, München 2007, S. 13–33, 58–78, 99–112 und 264–279, und *Das Tragische: Erscheinung, Pathos, Klage*, München 2009, S. 11–32, 35–68, 142 f., 385 und 393–395. Eine völlig andere Version der Biographie Shakespeares als diejenige bei Borges, Greenblatt, Bloom bieten Michael Maar *Die Feuer- und die Wasserprobe: Essays zur Literatur*, Frankfurt am Main 1997, S. 157–164, und Kurt Kreiler *Der Mann, der Shakespeare erfand: Edward de Vere, Earl of Oxford*, Franfurt am Main 2009, S. 10, 74 f., 106–109, 148–161, 211, 280–287, 345 f., 394 f., 427 f. und 530–549. Noch Gustav Adolf Seecks Monographie *Homer*, Stuttgart 2004, S. 270, kritisiert diesen ob seines «schwarzen Humors», seines «Sadismus» und seiner Gewaltexzesse nur um des «Gruseleffektes» willen.

48 Kehlmann *Beerholms Vorstellung*, a. a. O., S. 15, *Mahlers Zeit*, a. a. O., S. 44, *Ruhm*, a. a. O., S. 55, 62 und 64–66, und Kehlmann (im Gespräch mit Felicitas von Lovenberg) *In wie vielen Welten schreiben Sie, Herr Kehlmann?*, Frankfurter Allgemeine Zeitung 302, 27. 12. 2008, S. Z 6, Puschkin *Eugen Onegin*, a. a. O., S. 160, Charles Dickens *Our Mutual Friend*, London 1997, S. 735, 837 und 881, Adrian Pooles Vorwort ebd. S. ix–xxiii, und *Night Walks, Dickens' Journalism Volume 4: «The Uncommercial Traveller» and Other Papers 1859–1870*, London 2000, S. 149 und 154, John Forster *Life of Charles Dickens*, o. O. 2005, S. 93 und 387, Peter Ackroyd *Dickens*, London 2002, 326 f., das Kapitel zu Dickens bei Peter Gay *Die Macht des Herzens: Das 19. Jahrhundert und die Erforschung des Ich*, München 1999, S. 331–349, und Henry James, der seine Zuneigung *Our Mutual Friend* gerade wegen der ihm zu offensichtlichen und zu «mechanischen» Intrigentätigkeit von Dickens verweigerte, *Literary Criticism: Volume One*, a. a. O., S. 853–856. Nelly Trent starb, und London brach, für Monate untröstlich, wie Wilkie Collins schrieb, in Tränen aus – lediglich der Tod von Sherlock Holmes 1893 löste ähnliche Trauerbezeigungen aus. Dickens ließ das lesende London noch vier Kapi-

tel von *Our Mutual Friend* warten – und im vorletzten taucht Eugene
Wrayburn dann, auf einen Stock und seine Lizzie gestützt, vor uns auf:
Der Jack the Ripper – oder «Chuck the Reaper» – des Romans im neunzehnten Jahrhundert hat ihn am Leben gelassen ... Allerdings ist nicht
zu vergessen, daß man aus den gesammelten Werken von Dickens,
trotz seiner Killerallüren, die gesamte abendländische Ethik rekon-
struieren könnte, sollten alle übrigen Bücher – in welches Medium
verpackt auch immer – über Nacht aus der Welt verschwunden sein.

49 Kehlmann *Die Katastrophe des Glücks*, a. a. O., Karl Corino *Robert Musil:
Eine Biographie*, Reinbek bei Hamburg 2003, S. 1008, W. H. Auden *There
Will Be No Peace, Collected Poems*, London 1994, S. 617, Rainald Goetz
Klage (Vanityfair 2007 / 08, Schlucht 1), Frankfurt am Main 2008, S. 102,
256 und 342, und die Feuilletonnotizen *Simpsons für alle: Daniel Kehlmann preist Fernsehserie*, Frankfurter Allgemeine Zeitung 129, 6. 6. 2006,
S. 41, und *Daniel Kehlmann preist «Die Simpsons»*, Tages-Anzeiger 129,
7. 6. 2006, S. 50. Das Porträt des falschen, dritten Kehlmann zu Beginn des Kapitels *Das Geständnis einer Maske* ist zusammengereimt aus
den Eigenheiten von Madame du Deffant (Marie de Vichy Chamrond),
Tania Blixen (Isak Dinesen), Joyce, Nabokov, Henry James und Kehlmanns eigenem Henri Bonvard.

50 Oscar Wilde *Das Bildnis des Dorian Gray*, a. a. O., S. 8, Borges GW 2,
S. 233 f., und *Conversations with Saul Bellow*, hg. von Gloria L. Cronin
und Ben Siegel, Jackson 1994, S. 66, Hubert Winkels *Als die Geister müde
wurden*, Die Zeit 42, 13. 10. 2005, Literatur S. 14 f., Hubert Spiegel *Was
vom Tage übrigbleibt*, Frankfurter Allgemeine Zeitung 241, 17. 10. 2005,
S. 35, und *Der Schrecken der Welt läßt sich messen, aber nicht bannen*, Frankfurter Allgemeine Zeitung 246, 22. 10. 2005, S. 52, Eva Kirn-Frank *Komik
im Urwald und in Göttingen*, Stuttgarter Zeitung 241, 18. 10. 2005, *Beilage zur
Internationalen Frankfurter Buchmesse* S. III, Gustav Seibt *Eine Eule auf Pan-
oramaflug*, Süddeutsche Zeitung 289, 15. 12. 2005, S. 16, Tilman Krause
[Arno] *Geiger gegen Kehlmann*, Die Welt 242, 17. 10. 2005, S. 52, und *Kein
Rätsel Kehlmann*, Die Welt 9, 4. 3. 2006, S. 2, Thomas Steinfeld *Teutoni-
sche Angst vor der Freiheit*, Süddeutsche Zeitung 23, 29. 1. 2007, S. 11, Oliver
Jungen *Glanz und Elend der föderalen Gelehrtenrepublik*, Frankfurter Allgemeine Zeitung 257, 3. 11. 2008, S. 33, Stefan Zweifel *Sudoku-Prosa von
Kehlmann*, Tages-Anzeiger 3, 17. 1. 2009, Magazin S. 6, Felicitas von Lo-
venbergs *Bilanz Vermessung eines Erfolgs*, Frankfurter Allgemeine Zeitung 22,
26. 1. 2006, S. 39, Florian Haymann *Daniel Kehlmanns «Die Vermessung
der Welt» – ein historischer Roman? Eine Einordnung*, München 2006,
S. 11 f., und Klaus Zeyringer *Vermessen: Zur deutschsprachigen Rezeption der*

«Vermessung der Welt», Daniel Kehlmanns «Die Vermessung der Welt», hg. von Gunther Nickel, a. a. O., S. 78–94.

51 Kehlmann *Wo ist Carlos Montúfar?*, a. a. O., S. 10, *Die Katastrophe des Glücks*, a. a. O., und Kehlmann (im Gespräch mit Klaus Nüchtern) «*Beim Nasenbohren sieht jeder hin!*», *Falter* 3, 14. 1. 2009, S. 24–27, Glavinic *Das bin doch ich*, a. a. O., S. 12, 19, 113, 149, 179 und 206, Erwin Riess *Neues vom geistigen Nadelstreif oder Herr Kehlmann rechnet mit Brecht ab*, *Wespennest* 155, 2009, S. 92 f., und Philip Norman *John Lennon: Die Biographie*, München 2008, S. 403–405, 413–415 und 557–565.

52 Kehlmann *Diese sehr ernsten Scherze*, a. a. O., S. 33, *Ruhm*, a. a. O., S. 27, 29, 41 und 44, *Leo Richters Porträt*, Reinbek bei Hamburg 2009, S. 32 und 37, und Kehlmann (im Gespräch mit Sven Michaelsen) *Doppelspiel*, *Vanity Fair* 9, 19. 2. 2009, S. 90, Henry James *Literary Criticism: Volume Two*, a. a. O., S. 1299, Miguel de Unamuno *Das tragische Lebensgefühl*, *Philosophische Werke*, a. a. O., S. 309, Albert Camus *Kleine Prosa*, Reinbek bei Hamburg 1997, S. 9, Nabokov GW 12, S. 213 f., 228, 302, 504 und 508–510, Brian Boyd *Vladimir Nabokov: Die amerikanischen Jahre*, a. a. O., S. 925, 938 f. und 941, Philip Roth *Gegenleben*, a. a. O., S. 275, 344 und 359, *Eigene und fremde Bücher, wiedergelesen*, a. a. O., S. 115 f., 190 und 193, und Stefana Sabin *Literatur als Täuschung: Der Schriftsteller Philip Roth und seine Figur Nathan Zuckerman*, *Rowohlt Literatur-Magazin* 30, S. 178–186, Javier Marías *Das Leben der Gespenster*, München 2003, S. 33 f., und *Geschriebenes Leben*, a. a. O., S. 129, und García Márquez *Leben, um davon zu erzählen*, a. a. O., S. 275. Kehlmann kam über den Essay von Martin Amis zu *Gegenleben* (in *The War Against Cliché: Essays and Reviews 1971–2000*, New York 2001, S. 289–293) auf eine zu *Ruhm* zusätzlich anregende Lektüre Philip Roths.

53 Kehlmann *Ruhm*, a. a. O., S. 17 und 143, *Wo ist Carlos Montúfar?*, a. a. O., S. 87 f., *Von Rätseln erzählen*, *Literaturen special* 1, 2008, S. 4, und Kehlmann / Kleinschmidt *Requiem für einen Hund*, a. a. O., S. 129, Kehlmann (im Gespräch mit Wolfgang Paterno) «*Am liebsten würde ich das Buch in die Ecke schmeißen*», *profil* 23, 2. 6. 2006, S. 135–138, Kehlmann (im Gespräch mit Michael Maar) «*Qualität allein reicht nicht*», a. a. O., S. 65, Kehlmann (im Gespräch mit Felicitas von Lovenberg) *In wie vielen Welten schreiben Sie, Herr Kehlmann?*, a. a. O., und Kehlmann (im Gespräch mit Ulrich Weinzierl) *Ich glaube nicht an Wunderkinder*, *Die Welt* 2, 10. 1. 2009, S. 7, Henry James *The Death of the Lion*, *Complete Stories 1892–1898*, a. a. O., S. 370–372, 376 f., 387 und 389–392, Borges GW 5, S. 168, Philip Roth *Eigene und fremde Bücher, wiedergelesen*, a. a. O., S. 206 f., und Melanie Mühl *Das letzte große Ding* [zu Second Life], Frank-

furter Allgemeine Zeitung 113, 16. 5. 2009, S. 40. Dezidierte Vorbilder für *Ruhm* aus der Filmgeschichte waren Luis Buñuels *Phantom der Freiheit*, Robert Altmans *Nashville* und *Short Cuts*, *21 Grams* und *Babel* von Alejandro González Iñárritu und *Magnolia* von P. T. Anderson. Zur Struktur von *Nachts unter der steinernen Brücke* Hans-Harald Müllers *Nachwort*, München 1994, S. 275–277, und zu Parallelen zwischen *Fiasko* von Imre Kertész und *Ruhm* Kehlmanns Rede *Imre Kertész*, 80, *Lob*, a. a. O., S. 57–66. Die Idee, zehn *Geschichten aus dem Leben meiner Freunde* zu einem Roman zu verknüpfen, verfolgte übrigens Tschechow seit 1889, gab sie dann aber auf: Adam Thirlwell *The Delighted States*, New York 2007, S. 26 f. In loser Nachfolge von *Ruhm* steht vermutlich der 2009 erschienene Episodenroman Helmut Kraussers, *Einsamkeit und Sex und Mitleid*. Der aus dem Sanskrit stammende Begriff «Avatar» bezeichnete ursprünglich die Inkarnation eines Gottes und wurde noch vor *Second Life* durch den Science-fiction-Autor Neal Stephenson populär; den ersten Computer-Avatar entwickelte der Informatiker Jaron Lanier, der Vater des Begriffs «virtuelle Realität».

54 Kehlmann *Ruhm*, a. a. O., S. 81, 134 und 146, *Wo ist Carlos Montúfar?*, a. a. O., S. 25, und Kehlmann / Kleinschmidt *Requiem für einen Hund*, a. a. O., S. 74, Proust *Werke, Frankfurter Ausgabe*, hg. von Luzius Keller, Frankfurt am Main 1988–2007, Bd. II/3 (*Auf der Suche nach der verlorenen Zeit 3: Guermantes*), S. 184–188, 439–448 und 873 f., Bd. I/3 (*Essays, Chroniken und andere Schriften*), S. 306–309, Bd. III/1–2 (*Jean Santeuil 1*), S. 273–276, und *Briefe zum Werk*, Frankfurt am Main 1977, S. 495, Karlheinz Stierle *Zeit und Werk: Prousts «À la Recherche du Temps perdu» und Dantes «Commedia»*, München 2008, S. 53–67, und Anita Albus *Die gemordeten Kathedralen*, *Frankfurter Allgemeine Zeitung* 85, 11. 4. 2009, S. Z 3, Thomas Mann GKFA 5.1, S. 479–482, Niklas Luhmann *Die Gesellschaft der Gesellschaft*, Frankfurt am Main 1997, S. 1096–1128, *Die neue Sichtbarkeit des Todes*, hg. von Thomas Macho und Kristin Marek, München 2007, S. 250–252, 402–425 und 529–535, Philip Norman *John Lennon*, a. a. O., S. 153, Jürgen Osterhammel *Die Verwandlung der Welt*, a. a. O., S. 1023–1029, und Kathrin Passig *Standardsituationen der Technologiekritik*, *Merkur* 12, 2009, S. 1144–1150. Schließlich ist es der Tod selbst, der im Roman *Memento Mori* der schottischen Proust-Leserin Muriel Spark eine Gruppe älterer Menschen und Sanatoriumsinsassen immer wieder erinnert: «Denken Sie daran, daß Sie sterben müssen» – anonym übers Telefon.

55 Kehlmann *Ruhm*, a. a. O., S. 13, 15, 17, 20, 29, 40, 49, 67–72, 76, 86, 121, 128–130, 135, 124 f., 140, 146, 159, 161, 164, 172 f., 182 f., 194 und

196–203, Leo Richters Porträt, a.a.O., S. 35 und 39 f., Mord beim GUN-Preis [Erzählung], Süddeutsche Zeitung 282, 4.12.2004, S. VII, Heinrich Detering Wenn das Handy zweimal klingelt [zu Ruhm], Frankfurter Allgemeine Zeitung 14, 17.1.2009, S. Z 5, Unamuno Nebel, a.a.O., S. 77, 110, 256 f., 290, 293–308, 319 und 321, und Das tragische Lebensgefühl, Philosophische Werke, a.a.O., S. 223, Joyce Ulysses, hg. von Dirk Vanderbeke u.a., Frankfurt am Main 2004, S. 157, und dazu Nabokov Die Kunst des Lesens: Meisterwerke der europäischen Literatur, a.a.O., S. 138 f. und 388–392, Borges GW 4, S. 356, und GW 5, S. 131 und 135, John Fowles The French Lieutenant's Woman, London 2004, S. 406–410, Kurt Vonnegut Breakfast of Champions, London 1992, S. 290–293, García Márquez Die Liebe in den Zeiten der Cholera, a.a.O., S. 203, 363 und 402, Paulo Coelho Veronika beschließt zu sterben, a.a.O., S. 7–13 und 23, worin «Coelho» selber die Rolle des «Autors» spielt, der, Figur des Romans, Veronika zugleich auch erfunden haben könnte, Sei wie ein Fluß, der still die Nacht durchströmt, a.a.O., S. 43, Juan Arias / Paulo Coelho Bekenntnisse eines Suchenden, Zürich 2001, S. 11, 16 und 26, Eugen Herrigel Zen in der Kunst des Bogenschießens, o.O. 1978, S. 26, und Bob Dylan Mississippi (1997), Lyrics 1962–2001, a.a.O., S. 1094. «Looppool» ist eine Anspielung auf die einander reflektierenden Internetprojekte pool und loop. Wenn Mollwitz in Ruhm, a.a.O., S. 146, Leo Richter die Hand schüttelt und ihm ist, als berührte er dabei die Hand Lara Gaspards, deutet Kehlmann ein weiteres Mal auf Die Aspern-Schriften, a.a.O., S. 42, von Henry James hin, worin der Erzähler «wenige Augenblicke nur» Juliana Bordereaus Hand berührt und vermeint, dabei sanft die Hand Jeffrey Asperns zu drücken. Kehlmanns Stück Geister in Princeton wurde im September 2011 im Schauspielhaus Graz uraufgeführt, ein Jahr darauf Der Mentor am Theater in der Josefstadt in Wien.

56 Miguel de Unamuno Das tragische Lebensgefühl, Philosophische Werke, a.a.O., S. 53, 117, 164, 195, 215–217 und 233, Elias Canetti Über den Tod, München 2003, S. 17, 20, 22, 49, 91 und 102, und Imre Kertész Dossier K.: Eine Ermittlung, Reinbek bei Hamburg 2006, S. 87 und 168 f.

57 Kehlmann F, Reinbek bei Hamburg 2013, S. 7, 28, 41, 85 f., 99, 163, 227 und 319, und Lob, a.a.O., S. 35–42 und 51–56, Henning Ritter Notizhefte, Berlin 2010, S. 363, und Dante Die Divina Commedia, Würzburg 1997, S. 221 f. und 332. Neben Zöllner hat auch Arthur Beerholm aus Beerholms Vorstellung in F einen kurzen Auftritt als Novize im Kloster Eisenbrunn, der «Kartentricks beherrschte, wie ich [Martin Friedland] sie noch nie gesehen hatte». Der Tod Iwans basiert auf dem Fall des deutschen Managers Dominik Florian Brunner, der im Dezember

2009 vier Schüler vor älteren Jugendlichen auf dem S-Bahnhof Sölln in München tatkräftig schützen wollte und dafür von letzteren totgetreten wurde.

58 Kehlmann F, a. a. O., S. 92, Baudelaire bei Denis de Rougemont *Der Anteil des Teufels*, München 1999, S. 19–47, Borges GW 3, S. 265, und GW 5, S. 330, Algernon Blackwood *Ancient Sorceries and Other Strange Tales*, hg. von S. T. Joshi, New York 2002, S. 52, Helmut Birkhan *Magie im Mittelalter*, München 2010, S. 120–148, Karl Heinz Bohrer *Ästhetische Negativität*, München 2002, S. 329–375, Norman Cohn *Die Erwartung der Endzeit: Vom Ursprung der Apokalypse*, Frankfurt a. M. 1997, S. 124–166 und 248–344, Heinrich Detering *Böse Schutzengel, doppelte Welten*, *Frankfurter Allgemeine Zeitung* 72, 26. 3. 2010, S. 32, und *Verteufelt*, *Frankfurter Allgemeine Zeitung* 185, 12. 8. 2010, S. 28, Doering-Manteuffel *Das Okkulte*, a. a. O., S. 11–33 und 273–293, Joachim Fest *Nach dem Scheitern der Utopien*, a. a. O., S. 429–431, und *Flüchtige Größe*, Reinbek bei Hamburg 2008, S. 204–219, Gasser *Die Sprengung der platonischen Höhle*, a. a. O., S. 113–117, Rudyard Kipling *Writings in Prose and Verse* [Outbound Edition], New York 1925, Bd. IV, S. 3, Lovecraft *Die Literatur der Angst: Zur Geschichte der Phantastik*, Frankfurt a. M. 1995, S. 121–125, Odo Marquard *Apologie des Zufälligen: Philosophische Studien*, Stuttgart 1987, S. 117–139, Alfonso di Nola *Der Teufel: Wesen, Wirkung, Geschichte*, München 1993, S. 175–357, Robert Ranke-Graves und Raphael Patai *Hebräische Mythologie*, Reinbek bei Hamburg 1986, S. 69–73, Jeffrey Burton Russell *Biographie des Teufels*, Wien 2000, S. 47–201, und George Steiner *Von realer Gegenwart*, a. a. O., S. 13 f. Der Titel des Kapitels ist von Herta Müllers autobiographischem Essayband *Der König verneigt sich und tötet*, München 2003, inspiriert.

59 Kehlmann F, a. a. O., S. 78, 205, 240 und 294, Robert Irwin *Die Welt von Tausendundeiner Nacht*, Frankfurt a. M. 1997, 130–174, und Salman Rushdie *Die satanischen Verse*, Reinbek bei Hamburg 2006, S. 53.

REGISTER